20代で身につけたい
プロ建築家になる勉強法

山梨知彦

日本実業出版社

イントロダクション

プロの建築家になりたい人のために

これは、「建築の仕事がしたい！」と考え始めた高校生から、実際に建築デザインを大学や専門学校で学び始めた学生、そしてプロの世界に飛び込んだばかりの人たちのための本だ。

「建築家」というと、非常に崇高な響きをもった特別な職業のようだし、学校でもそう習うはずだ。建築雑誌や写真集の多くで、有名建築家の「作品」が並んでいるのを目にする、一見華やかな世界だ。

だが世の中の建築の大半は、こうしたスター建築家とは異なる、ごく普通の建築家によって支えられている。地味ではあるが倫理感や責任感を背負い、「プロの建築家」として地道に仕事をしている。実はスター建築家の中にも、最初はこんな地味なところからキャリアをスタートさせた人もいる。

現代は情報化社会だ。建築雑誌はもちろんのこと、インターネット上にも、有名な作品や建築家の情報は溢れていて、いくらだって手に入れることができる。ところが、プロとなるための、そしてプロとしての最低限の知識をまとめたマニュアルや情報は、意外に手に入れづらい。そんなわけで、「プロの建築家」を目指す人のための「マニュアル本」を書いてみようというのが、この本の主旨だ。

オン・ザ・ジョブ、レクチャー、マニュアル

僕は、仕事に関わるノウハウや知識の伝授は、内容によって「3つの方法」に分けることができると考えている。

1つ目は、「オン・ザ・ジョブによる知識の伝授」だ。

実務に不可欠な知恵や情報の多くは、仕事を通して見よう見マネで伝えるしかない。建築に関わる知識の多くは、こうした方法のみで伝授できる類のものだ。これは、建築デザインの本質が創造的な行為であり、マイケル・ポランニーがいう「暗黙知」に密接に関わるものだからだろう。この類の知識はマニュアル化した瞬間に本質が失われるものであり、またレクチャーで伝えることも難しいため、実務の場のみで伝授が可能なものだ。

2つ目は、「レクチャーによる知識の伝授」だ。

暗黙知が十分に成熟して一般化した知識は、体系としてまとめることができる。哲学がその始まりであり、科学がその最先端であろうか。書籍による知識の伝授もここ

マイケル・ポランニー
1891-1976　ハンガリーの科学者にして哲学者。代表著作である『暗黙知の次元』（筑摩書房）で、暗黙知の概念を提示した。

に分類できるだろう。建築にも、建築学という知識の体系があり、学校における教育はその体系の中でデザイン教育を行なっているともいえる。

3つ目は、「マニュアルによる知識の伝授」だ。

ここで伝授されるものは、知識というよりもノウハウやTipsに近いものだ。2つ目の体系化された知識に比べると深さに欠けるし、1つ目の暗黙知に比べるとダイナミックさで劣るため、学校教育の中では「創造性に欠ける」という理由で排除されがちのものだ。

基礎的能力、リテラシーの不足

本来は、オン・ザ・ジョブによる「暗黙知の伝達」と、レクチャーによる「知の体系の伝授」のみを通して、建築に関わる知の伝授が時間をかけてなされることが理想だ。しかし、プロの建築家になるために学ぶべき事項は、学校の限られた時間に比べてあまりにも多い。理想と現実の間には大きな乖離《かいり》がある。

僕もいくつかの大学で非常勤講師を務めているが、学生の図面作成のスキルを見て、嘆かわしく思うことがしばしばある。大学の3年生にもなれば、図面を描く最低限のリテラシーはすでに会得していてほしいのだが、多くの学生は吹き抜けの表現すら適切にできない。こうした状況を見て、実務界からは、「図面描画力などの建築デザイ

暗黙知
もともとは、マイケル・ポランニーが示した概念で、言葉では言い表せないが、複雑な物事を暗黙のうちに成し遂げる知を指す。
現在、暗黙知と広くいわれているものは、この概念を経営学者の野中郁次郎・一橋大学名誉教授が拡張したもので、経験や勘に基づく知識を指す。一方で、定型化され、言葉でまとめられる知識は「形式知」と呼ばれる。レクチャーしうる知識とは、この形式知と考えていいだろう。参考書籍は『知識創造企業』(東洋経済新報社)。

ンのリテラシーをもっと大学で教育すべきだ」との声も出ている。

だが、僕自身は、大学のように知を体系的に学ぶことができる場で、基礎的なスキルやリテラシーの獲得に多くの時間を割くことには反対だ。建築デザインの全体的なレベルの底上げには、むしろ学校で、知の体系を徹底的に学生に叩き込んでもらう必要があると思っているからだ。

では、基礎的リテラシーはどうするべきか。これこそまさに「適切なマニュアル」を用意すれば十分に事足りるものであると思っている。図面の描き方など基礎的なスキルの習得は、適切なマニュアル本さえあれば、自己学習で十分なノウハウを獲得できるはずだ。ノウハウを自力で習得できれば、大半の時間を知の体系の学習や、設計演習における暗黙知の獲得へと向けることができる。

マニュアル本は創造的なものとはいえないが、本来学ぶべき事項に時間を割くために、基礎的なスキルを身につけるためのものと考えれば、一概に悪いものとはいえないだろう。

本書の構成

本書は、こうした考え方に基づき、僕のチームに入ってきた新入社員や学生アルバイトさんに対して、日頃僕がブチブチと言ってきたお小言をまとめたものだ。ただし、

リテラシー（Literacy）
もともとは、言語により読み書きができる能力を指すが、拡張されて、ある事柄に対する基礎的な能力を意味している。建築デザインのリテラシーとは、建築デザインを行なううえでの、読み書きそろばんである、スケッチや図面を描く能力などを意味する。

僕が一人でマニュアル化できる部分は限定的であり、建築の幅広い領域を網羅したものとはなっていない。この本が、学生や建築家の卵である皆さんの役に立ち、今度は皆さんが本書をリライトしてアップデートしてもらうことで、やがては建築の領域の大方をカバーしたマニュアル本へと進化をとげていくことを期待している。

こうした意図から本書の基本構成は、どこからでも、今必要な項目からノウハウを拾い読みしてもらえる形式にしてある。また詳細な情報やネタ本にアクセスするためのインデックスともなるように、関連図書などの情報を、できるだけ多く、また、できるだけ本文の記述に近い部分に置くことを徹底した。

さて、いささか長すぎるイントロダクションはこのくらいにして、本文へと移ろう。

2011年5月

山梨知彦

Contents

第1章 建築と僕らの立ち位置

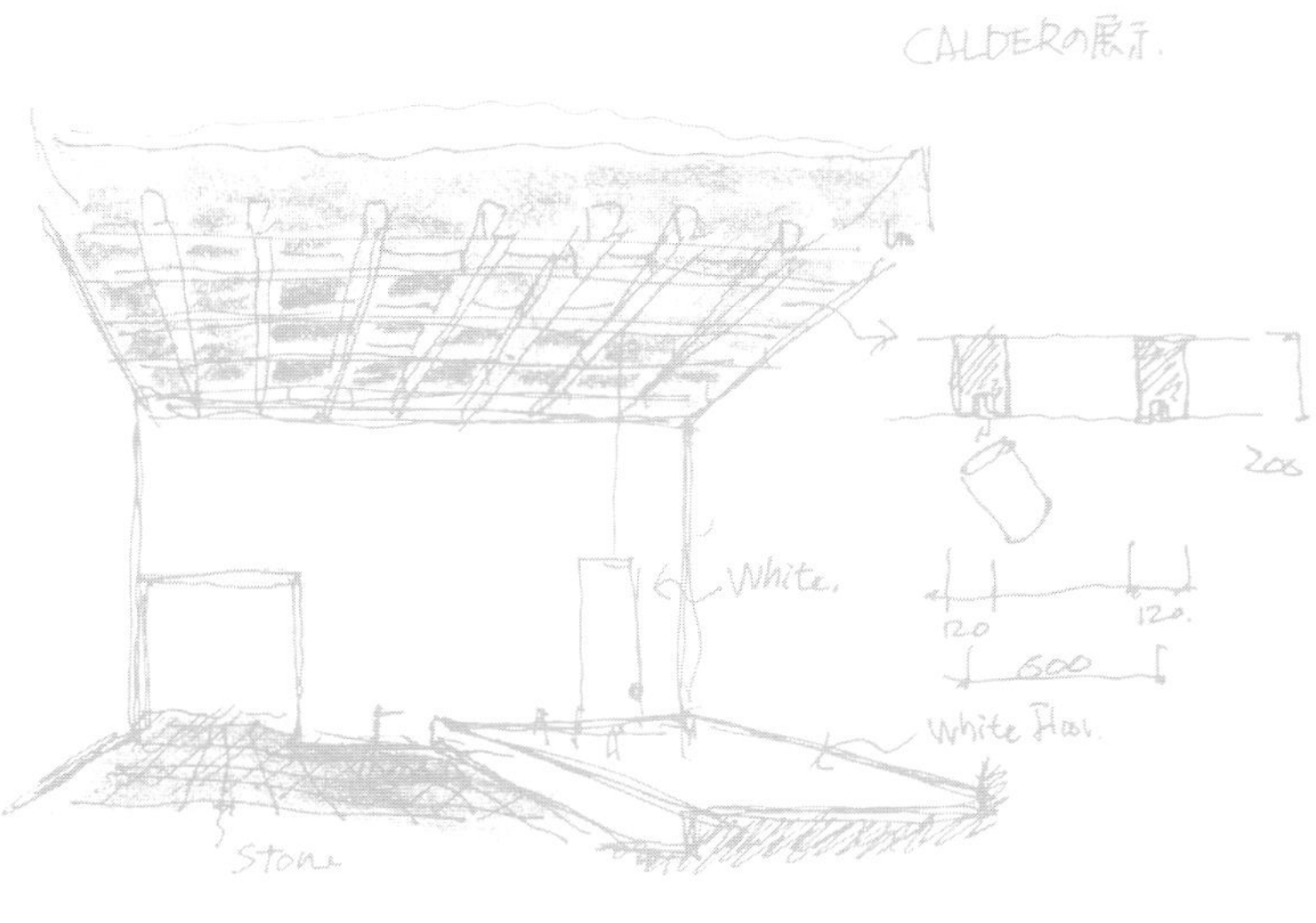

第❷章

建築を学ぶ

Section

第3章

設計課題・プロジェクトに挑む

Section

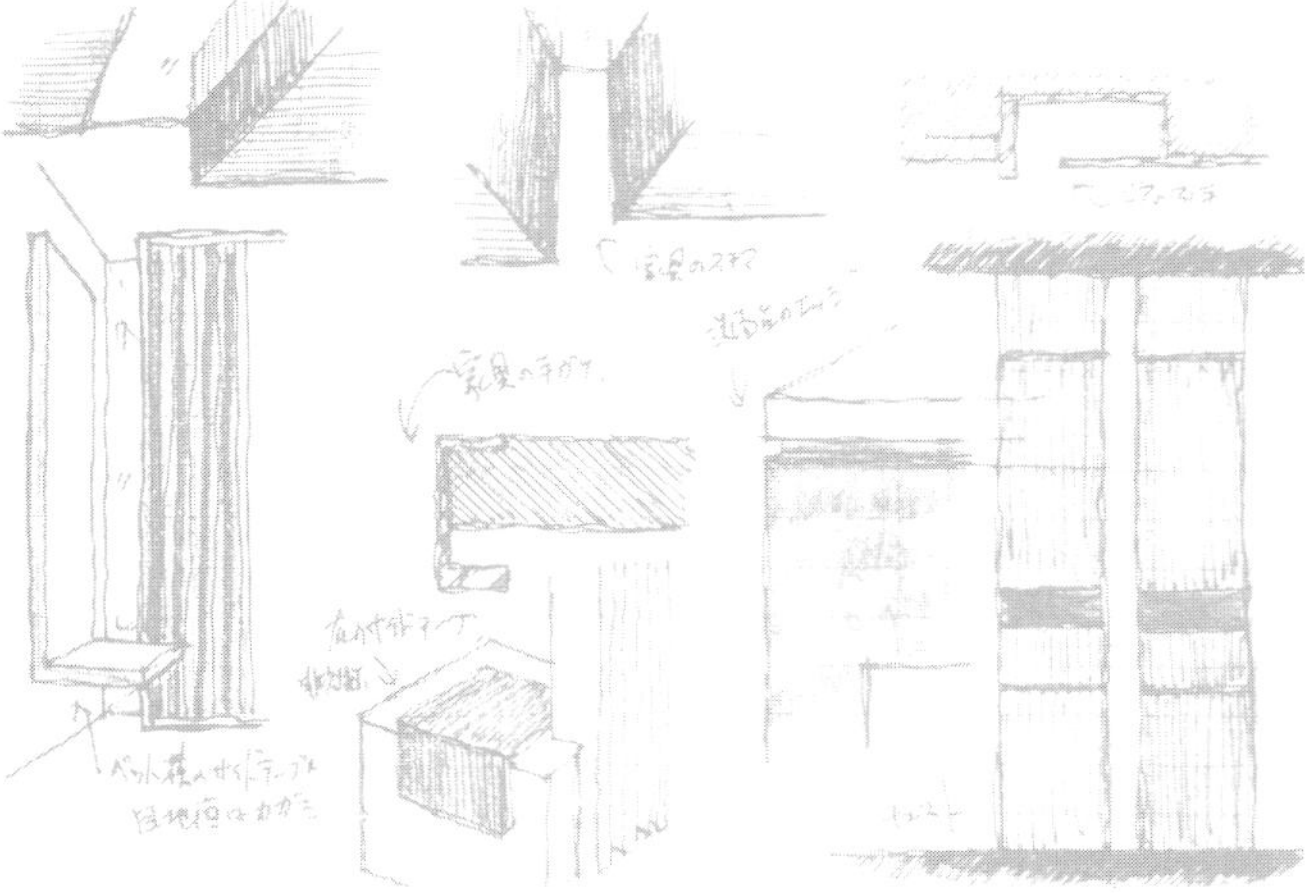

第4章

実務で建築をつくる

Section

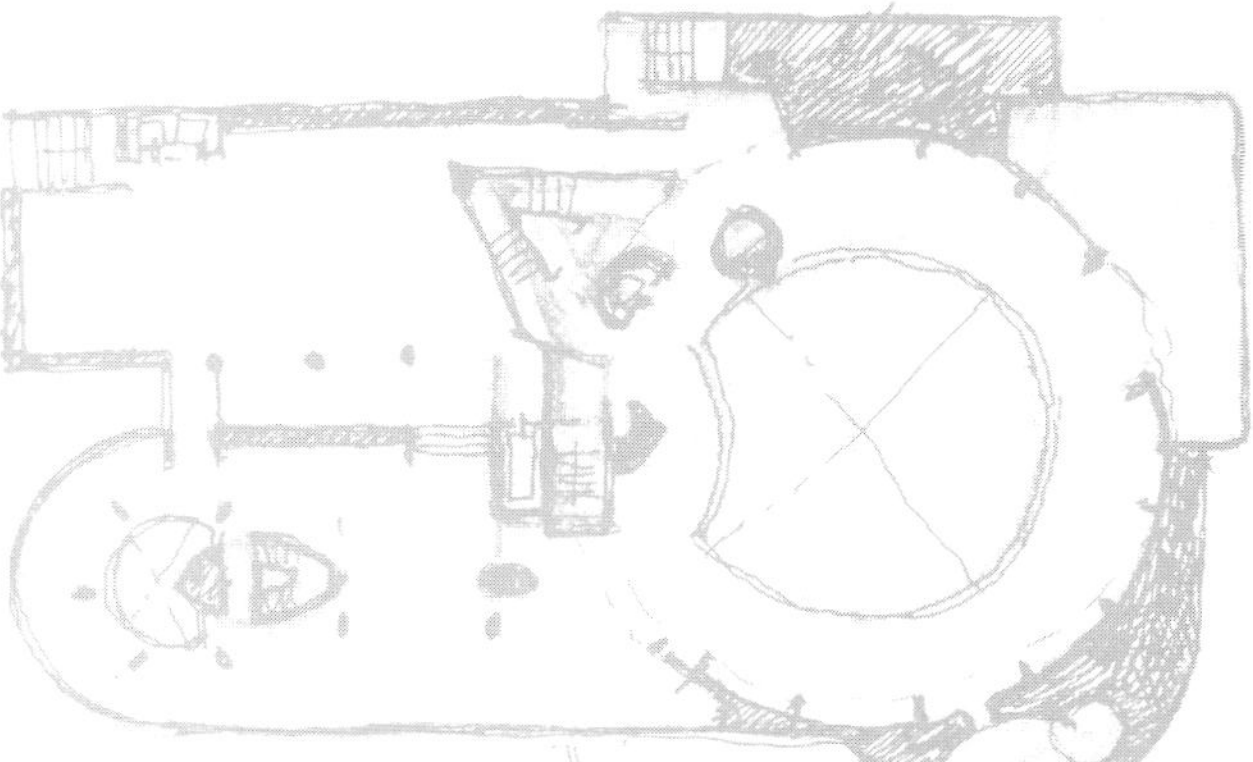

第5章 建築を発信する

第6章 建築のネクストステップ

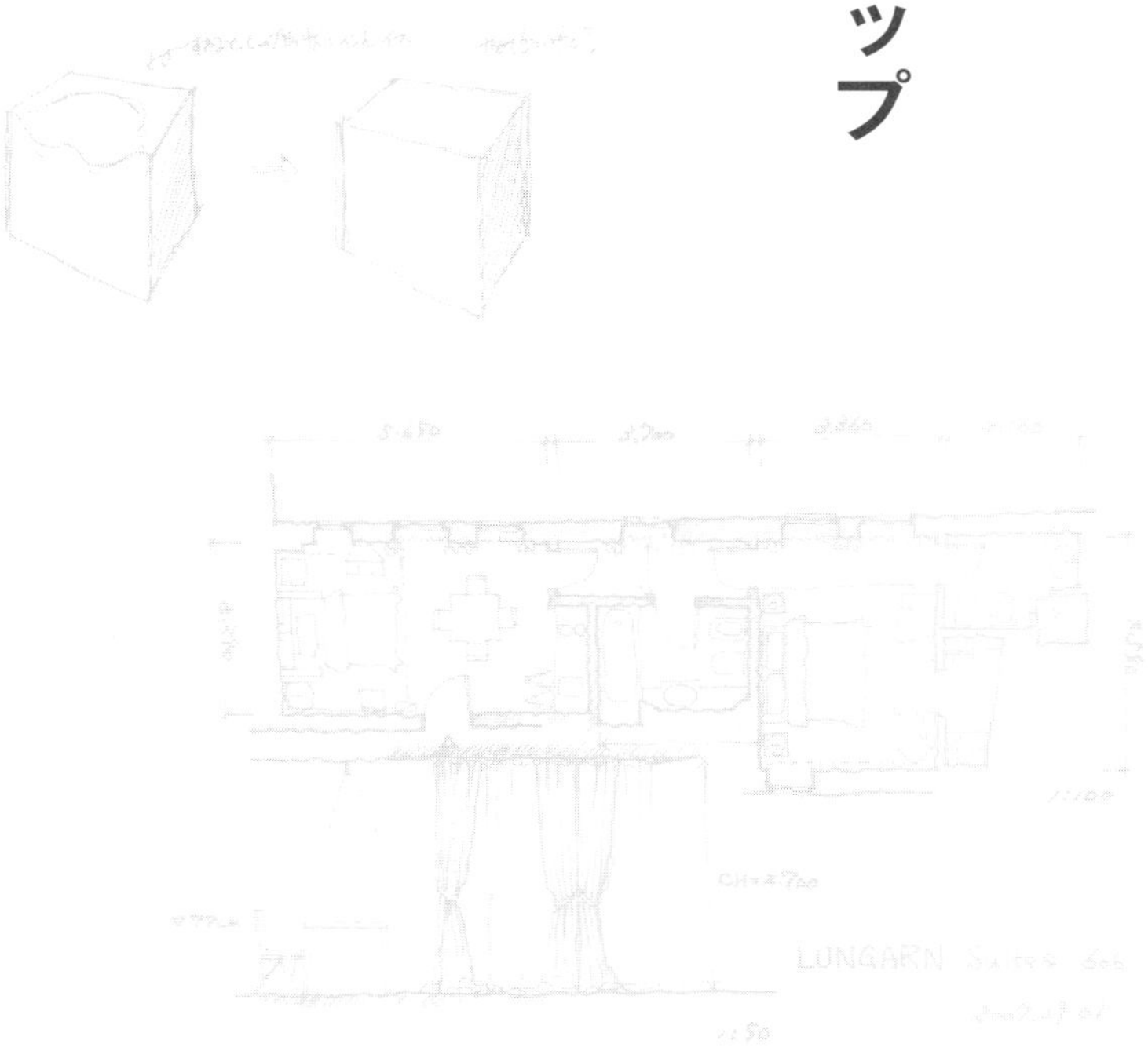

カバーデザイン◎萩原弦一郎（デジカル）
本文デザイン・ＤＴＰ◎ムーブ（新田由起子、川野有佐）

第1章 建築と僕らの立ち位置

テートモダン・タービンホール（ロンドン）
ヘルツォーク＆ド・ムーロン

自分のポジショニングを見極める

自分は今、どの位置にいるのか？　また自分の目標はどちらの方角にあるのか？　すなわち「ポジショニング」は、人生においても、プロの建築家としての道を極めていくうえにおいても、共通する重要事項だ。

プロの建築家を目指すにしても、そのフィールドである「建築」という海原はきわめて広大であり、見通しが利きづらい。また、教育における海原がある一方で、それとは相容《あいい》れない実務の海原が存在するなど、複数のフィールドが同時に存在し、時に互いに癒着《ゆちゃく》し、時に乖離《かいり》している。

ここでは、建築デザインという海原の全体像をつかむための手がかりとなるチャートを手に入れ、俯瞰《ふかん》してみることにしよう。さらに、そこに目標とするプロの建築家という立ち位置をプロットしてみれば、目指すべき方向がどちらであるのか、見えてくるのではないだろうか。

木材会館（東京都江東区）

ポジショニング
(positioning)
直訳すれば「立ち位置」となる。スポーツで使うポジションと類似した意味。ここでは人生や建築という、漠として広大なフィールドの中で、自分の立ち位置がどこにあるのかという意味で使っている。

Section 1-1

「建築」を学校で学ぶことの意味
知の体系の中での建築学の位置づけを見る

高等教育機関で建築を学ぶということは、建築を学問として学ぶということだ。学問としての建築は「建築学」と呼ばれている。建築を学ぶにあたって、諸学問の体系と、その中での建築学の位置づけを見ておこう。

学問が体系化された「知」であるとしたら、その全体像はどこで見ることができるのか？　建築のプロを目指す立場からすれば、建築化された、ビジュアライズされた全体像に触れたいところだ。

ところが、この知の体系自体が、常に変革されていくために、固定的で広くオーソライズされたものは、手に入れがたい。

現時点で、この欲求を満たし、そして嬉しいことに建築的にそれを体験できる場所が、図書館だ。図書館には知が凝縮された膨大な書物が、収蔵され、分類され、体系化されている。この知の体系の中で建築学がどのように分類され、位置づけられているかを見て、さらに空間的に体験するために、図書館へ出かけてみよう。

図書館の総本山ともいえる国立国会図書館の分類表の中で、建築学が置かれている位置を見てみると、建築関連の書籍は、芸術学の分野と工学の分野に分類されていることに気づく。つまり建築学は、この2つの分野にまたがって位置づけられていることがわかる。建築デザインのプロになるためには、芸術的知識体系と工学的知識体系とを学んでいく必要があることが、なんとなくつかめるだろう。

知の体系の中での建築学の全体像は、ウェブの中での分類でも見ることができる。さっそく、amazonにアクセスしてみよう。建築の最新の状況をつかむヒントがありそうだ。

和書のジャンル一覧を見てみると、建築関連の書籍は、「科学・テクノロジー↓工学↓建築・土木工学」として、工学的な分野として取りまとめられているものと、より大きな項目として「アート・建築・デザイン↓建築」としてまとめられているものと、こちらでも大きく2つの分野にまたがって分類されていることがわかる。そして、より多くの本が後者に分類されている状況を見ると、建築は、芸術と工学の間にまたがりつつも、その軸足を芸術側に移しつつある状況が読み取れそうだ。

国立国会図書館

http://www.ndl.go.jp/

国会議員と国民のため、日本国内で出版されたすべての出版物を保管している図書館。蔵書数は2000万冊を超えるといわれている。ただし、一般図書館のように来館者に対する直接貸し出しサービスは行なっていない。資料検索などのサービスについては、上に示したアドレスを当たってほしい。

Section 1-2

「建築学」って何だろう?
建築学の体系、その全体像を見る

知の体系の中での建築学の位置づけを見たら、次は建築学自体の体系の全体像を見てみよう。

図書館の中の建築関連書籍の棚、もしくは建築学科専用の図書館へと進んでみると、『新建築学大系』という全50冊からなる本があるはずだ。1990年代に日本の建築学の権威である日本建築学会が中心となって書き上げたもので、建築学の体系を見通すことができる唯一無二の書であるといえるだろう。

『新建築学大系』が書物になった建築学の体系であるとすれば、「日本建築学会」は今現在の建築学の体系を具現化したものとも考えられる。日本建築学会のホームページにアクセスして、委員会の一覧を見ると、建築学が今関心をもっている方向を知ることができる。縁遠いようにも思われるアカデミズムの世界であるが、知っておいて損はない。

一般社団法人 日本建築学会
http://www.aij.or.jp/
建築に関する学術・技術・芸術の進歩発展をはかることを目的として、1886年に創立された公益法人。

『新建築学大系』を前にして、片っ端からページをめくる度胸のある人は、そうはいない。ため息混じりに背表紙を眺めるのが普通だ。

この膨大な知の体系に慣れ親しむには、課題や授業で生じた疑問や、関連のページ、章、巻から拾い読みをしていくのが手っ取り早い。学部生活を送る中で、興味がわいたところから読んでいくうちに、まだ体系化されていない最新の知識や情報を、授業や、専門雑誌、インターネットから獲得していく術が身につくはずだ。そうして、自然に『新建築学大系』から離れていくのがいいだろう。ただし、体系や自分の立ち位置を見失ったときには、この書に戻ればいいことを頭の片隅に置いておこう。

「日本建築学会」も、3年生、4年生と専門の勉強が進んでいく中で、指導教官から入会を進められる時期が必ず来る。それまでは存在を頭の片隅に置いたり、学内に告知される学会主催のイベントのうち、興味のあるものに参加する程度でまずは十分だ。

『新建築学大系』（彰国社）
1980年代から20年の歳月をかけて執筆された、日本の建築学領域における知の集大成。書物という形式で編纂された建築学としては最後のものになるかもしれない。執筆開始から30年を経て、時代に即した形式による、新々建築学大系の登場が期待されている。

『新建築学大系』全 50 巻のタイトルはこれだ！

❶建築概論
❷日本建築史
❸東洋建築史
❹西洋建築史
❺近代・現代建築史
❻建築造形論
❼住居論
❽自然環境
❾都市環境
❿環境物理
⓫環境心理
⓬建築安全論
⓭建築規模論
⓮ハウジング
⓯都市・建築政策
⓰都市計画
⓱都市設計
⓲集落計画
⓳市街地整備計画
⓴住宅地計画
㉑地域施設計画
㉒建築企画
㉓建築計画
㉔構法計画
㉕構造計画
㉖環境計画
㉗設備計画
㉘住宅の設計
㉙学校の設計
㉚図書館・博物館の設計
㉛病院の設計
㉜福祉施設・
レクリエーション施設の設計
㉝劇場の設計
㉞事務所・複合建築の設計
㉟荷重・外力
㊱骨組構造の解析
㊲板構造の解析
㊳構造の動的解析
㊴木質系構造の設計
㊵金属系構造の設計
㊶コンクリート系構造の設計
㊷合成構造の設計
㊸基礎構造の設計
㊹建築生産システム
㊺建築構法システム
㊻構造材料と施工
㊼仕上材料と施工
㊽工事管理
㊾維持管理
㊿歴史的建造物の保存

Section 1-3

学校で学ぶ建築デザイン

建築学・建築教育体系の中での建築デザインの位置づけ

すべての学校が一律に同じ教育を行なうことなんてできやしない。まして建築デザインは実務なので、建築学や建築教育の体系があっても、固定的に位置づけること自体が難しい。また、日本では工学部の中に建築系の教育機関が設置されてきたという歴史的な背景もあり、建築デザインの教育は千差万別な状況だ。

こうした状況の中で、国際化時代の建築教育システムとして認定するための仕組み（大学院JABEE）が２００９年に構築された。この仕組みの中では、UNESCO/UIA建築教育憲章が建築教育のひとつの基準となる。自分がこれから受けようとしている、もしくは自分が受けてきたカリキュラムの特徴を、この憲章の内容と見比べ、把握しておくことは、今後の建築家としてのキャリア形成に役立つに違いない。

とはいえ、時代はダイバーシティ（多様性）を求めている。国際標準も大事であるが、「日本ならでは」の個性をもったデザイン教育も必要であろう。

たとえば、日本の建築教育は、諸外国に比べて芸術的な側面が弱いといわれてきた。

JABEE

Japan Accreditation Board for Engineering Educationの略で、正式名称は日本技術者教育認定機構。大学や専門学校などの高等教育機関における技術教育の認定を行なう組織で、日本において国際的なレベルでの技術者教育がなされることを目的としている。2007年からは、JABEEの認定範囲が大学院修士課程に広げられ、これが通称「大学院JABEE」と呼ばれている。

確かに、日本では多くの建築学科が工学部の中に設けられているのに対し、諸外国では美術学部の中に設けられているケースが多い。構造や設備といった工学的側面を併せもった環境で建築デザイン教育が行なわれている日本の現状は、これまで悪く言われがちであった。

でも、うまくその特長を活かせば、世界に類がない大きなメリットに転換できる可能性がある。いやむしろ、日本の教育機関に入学した以上は、デザイナー志望であっても、工学的アプローチをしっかりと身につけたほうが得策だ。それが、日本で教育を受けた建築家として、世界で求められる「個性」の土台となるだろう。

その一方で、弱点を知っておくことも重要だ。日本の工学部でデザインを学ぶときには、美学、芸術学、哲学など、いわゆる文系の知識構築に触れるチャンスが少ない。自主的に、主要な美術書や哲学書を手に取り、美術展などに足を運ぶ必要がある。

いずれにせよ、プロの建築家となるためには学ぶことが多い。しかし「生涯学習」の時代となった今、焦る必要はない。自らが置かれた教育システムを客観的に見て、戦略的に教育を模索していく時代になったのかもしれない。

自分の大学の特徴を知るための、もっとも手っ取り早い方法は、他の学校の建築学科の友達をもち、話す機会をつくることだ。高校のときの友人が別の建築系の大学にいたら、連絡を取ってみよう。異なる学校をまたいで行なわれる建築的イベントは、非常に盛んに行なわれているので、情報をつかんだら積極的に参加するのもいい。

ダイバーシティ（diversity）

「多様性」と訳されている。そもそもは、社会において外見や、人種、性別などにとらわれることなく、多様な個性を受容することが社会にとってプラスになるという概念で用いられた言葉。最近では概念が拡張され、デザインや建築の領域でも、禁欲的でミニマルなものから、多様で豊かなものが求められる傾向が進み、多方面でダイバーシティの受容が模索されている。

Section 1-4

建築はひとりじゃ設計できない

実務の中での建築デザインや建築家の位置づけ

テレビドラマや雑誌では、まるで建築家ひとりの力で、建築の設計がすべてできてしまうように描かれている。

しかしこうした建築家像は、今では実に稀《まれ》なものだ。住宅のような比較的小型の建築でも、複数の専門家がチームを組んで設計に取り組むのが普通だ。

通常は、建築のデザインをまとめる人が、「建築家」と呼ばれる役割をになう。つまりチームのキャプテンとして、建築の設計全般を取りまとめる役だ。この役は、建築のデザインと密接な関係があるため、建築家はチームの中では「意匠設計者」と呼ばれる。意匠とはデザインの意味だ。

この設計チームの中に、意匠設計者のみならず、建物を力学的に成り立たせる部分の設計をになう構造設計者や、建物の中の空調設備（冷房や暖房のための機械設備）や衛生設備（水道や排水のための機械設備）、照明設備（いわゆる照明のための設備）

構造設計者
建築を支える、杭、基礎、柱、梁などの構造体の設計を担当する設計者を指す。

設備設計者
空調や照明など、建物を支えるさまざまな機械設備の設計を担当する設計者を指す。

の設計をになう設備設計者が加わるのがもっともシンプルな場合だ。

最近の実務、特に都心の大型建築などでは、状況はもっと複雑になっていて、さまざまなデザイナーやエンジニアがプロジェクトに加わるケースが多い（工学的な機能などの設計に関わる設計者を、デザイナーに対してエンジニアと呼ぶことが多い）。

内部空間やそこに配置する家具のデザインを担当するインテリアデザイナー、建物の外部の樹木や舗装をデザインするランドスケープデザイナーという人々がプロジェクトに加わることは、もはや一般的になっている。

今では、こうしたさまざまなデザイナーやエンジニアを取りまとめ、束ねていくのが建築家の重要な役割になった。トップダ

中国光大銀行（北京）の現場にて、ほぼ完成した建物をチェック。

ウンの、強力な個人の意思と個性を貫くタイプもいれば、合議的にみんなの意見を聞きながら調整して取りまとめていくタイプの建築家もいる。また場合によっては、全体をまとめる建築家の立場の人が複数いてチームをつくることだってある。これは今や大型の建築ではごく当たり前のことになっている。

いずれにしても、小型のものから大型のものまで、建築家ひとりで設計する時代ではなくなっている。

狭義の建築家は、先に述べたように意匠設計者を指すことが多い。しかし、実際の建築設計がもはやひとりじゃできない状況を考えると、プロジェクトに関わるすべての人が建築家と呼ばれる時代、もしくは建築家の概念を変えざるを得ない時代になっているのかもしれない。

プロジェクト（project）

建築をつくり上げる企画、設計、施工など一連の計画全体を「プロジェクト」と呼ぶことが多い。そして建築のプロジェクトには、その実現に向けて膨大な人々が関与することが特徴だ。

プロジェクトを推進するメンバー構成

中心的なメンバー

設備設計者

空調、衛生、電気設備などの設計を行なう。

↕

意匠設計者＝建築家

建築のデザインを行なうとともに、プロジェクトの取りまとめも行なう。

↕

構造設計者

柱や梁といった構造の設計を行なう。

＋

プロジェクトの特性により参加するメンバー

プロジェクトマネージャー

プロジェクトの遂行をマネージメントする。プロジェクトの複雑化にともない、建築家に代わって全体を取り仕切る、このような職能が現れた。

ファサードエンジニア

外装の設計を専門に行なう技術者。超高層ビルの外壁の設計にはさまざまなノウハウが必要なため、ファサードエンジニアが計画に参加する場合が増えている。

照明デザイナー

照明計画を専門に行なうデザイナー。

インテリアデザイナー

内装計画を専門に行なうデザイナー。

ランドスケープデザイナー

建築を取り囲む外部空間、外構計画を専門に行なうデザイナー。

防災計画者

避難安全計画を専門に行なう技術者。

⋮

Section 1-5

いろいろある建築デザインの仕事
建築デザインを勉強した後の進路について

大学や専門学校で勉強した後、実務の世界に入って建築デザインを手がけながらも、通常は「建築家」とは呼ばれていない仕事に就く人々も非常に多い。この本ではこれらの人々も「プロの建築家」として位置づけている。それでは彼らの仕事を見てみよう。

アトリエ事務所

建築家のイメージにもっとも近いのは、いわゆる「アトリエ事務所」と呼ばれている、比較的少人数で建築デザイン（意匠設計）に特化した事務所の所長であろう。

雑誌「ブルータス」などのメディアに登場する建築家のほとんどは、こうした事務所の所長である。したがって、建築家を目指す人々のメインの就職先はアトリエ事務所ということになる。今やスター建築家となった人も、若い頃はアトリエ事務所で修行しているケースが多い。

建築家のワークスタイル

著名アトリエ建築家のワークスタイルを知るには、次の著作が適当だろう。
『建築学の教科書』（彰国社）P147　「建築家という職業」妹島和世
『行動主義　レム・コールハースドキュメント』滝口範子著（TOTO出版）
『にほんの建築家　伊東豊雄・観察記』滝口範子著（TOTO出版）

アトリエにより、手がける仕事の種類は千差万別だ。小型のアトリエでは個人住宅が多く、有名アトリエでは、大型の集合住宅やオフィスビルなども手がけるのが一般的な傾向。超有名アトリエでは、海外の仕事が大半を占めることもある。

有名建築家のアトリエに入るのは至難のわざともいわれている。その一方で、所長ひとりの事務所も多数存在する。事務所の規模よりも、「作品」と呼ばれる仕事の質で名声が左右される、非常にシビアな世界なのだ。

意匠設計のアトリエ事務所があるのと同様に、構造設計や設備設計でもアトリエスタイルの事務所がある。先に述べたように現代の建築はひとりで設計することは難しくなっているので、通常は、意匠設計、構造設計、設備設計のアトリエがチームを組んで仕事を行なう。

したがって、「建築家」とは、意匠系のアトリエ事務所の所長やチーフ格の社員を指すことが一般的である。ただし、最近では構造設計の事務所の所長や社員が自らを「構造家」や「構造デザイナー」と呼ぶことも多い。

構造設計の担当者が構造家や構造デザイナーとしての自覚を強める一方で、設備設計者が環境を旗印に存在感を増している。構造設計者や設備設計者が、意匠設計者をサポートするエンジニアという立場から、自らが建築デザインの方向性を大きく左右するものと自覚する人が増えているのも事実で、エンジニアの存在感は年々大きくなっている。エンジニアが建築デザインを行なううえで、密接不可分になっている証し

構造家・構造デザイナー
構造設計はエンジニアリングであると捉えられることが多いが、建築について言えば構造体が主要な空間の骨組みをつくり出すため、構造設計者はエンジニアリングを超えた大きな存在感を示すことが多い。
古くは、建築家・丹下健三と構造家・坪井善勝のコラボレーションが有名である。
建築家と構造家のエキサイティングなコラボレーションを伝える参考文献としては、
『インフォーマル』セシル・バルモント著（TOTO出版）
『ピーター・ライス自伝』ピーター・ライス著（鹿島出版会）などがあげられる。

であろう。したがって本書の「プロの建築家」はこれらの人々を含んでいる。

アトリエに就職する人々の究極の目標が、独立して自らのアトリエを開設することであるため、アトリエにおいて人材は流動的であるといえる。日本の会社で特徴的な「終身雇用制」とはかなり異なった文化をもっているのが、アトリエ事務所の世界だと考えられる。

組織設計事務所

一方で、「組織設計事務所」と呼ばれるものもある。アトリエに比べて会社の規模が大きく、基本的にチームで設計する。22ページで紹介した意匠設計者のみならず、内部に構造設計者や設備設計者など建築デザインをサポートする広範なエンジニアを抱えている場合が多い。

実は僕も、日建設計という組織設計事務所に勤務する所員である。組織設計事務所でも、デザインを実際にまとめるチーフ格の設計者は「建築家」と名乗ることが多い。しかし、アトリエ事務所の所長がどちらかといえばトップダウンでデザインの方向を決める傾向が強いのに対して、組織設計事務所では複数の建築家の合議でデザインの方向を決めていく傾向がある（とはいえ、これはチームをまとめる建築家の個性に大きく左右される傾向が強いが）。

一般には、不動産業者や大手の企業から依頼されたオフィスビルや複合機能施設、大型のマンションなど中規模から大規模の建築物を手がけることが多い。逆に、個人住宅などを設計することはきわめて稀である。つまり、アトリエ事務所と組織設計事務所では、手がける建築タイプも異なることが多いということだ。

有名アトリエと同様に、種々の建築タイプに取り組む有名事務所への入社希望者は多く、狭き門となっている。

一方、独立して自らのアトリエ事務所を開設する人は少数で、多くは終身雇用となる。かつては中途採用者が少なかったが、最近ではアトリエ系からの転職組も多く、人材が多様化、流動化しつつあるようだ。

ゼネコン設計部

3番目は、ゼネコンの設計部で働くタイプだ。組織設計事務所と同じく、比較的規模が大きくチームで設計するため、組織設計事務所と一見よく似ている。

決定的な違いは、組織設計事務所が、内部に施工（建物を実際につくる）部門をもたないのに対して、ゼネコンの設計部は、本体が施工会社であることだ。

設計のみを担当するケースが少なく、通常は工事も一緒に行なうので、仕事のスタイルを「設計施工一貫」などと呼ぶこともある。施工会社と一体であることが、強みであり、弱みでもある。組織設計事務所と同様に、デザインをまとめるチーフ格の社員は、自らを建築家と名乗るケースが多い。

組織設計事務所の建築家
組織設計事務所に所属しつつ、建築家としての確立した地位を築いた代表は、林昌二だ。林昌二の視点を通して、組織設計事務所での仕事、それも特に若い時代の仕事を振り返ることができる資料には次のものがある。
『林昌二の仕事』（新建築社）

手がける建築タイプはきわめて多いが、施工性により建設コストが大きく左右される郊外型ショッピングセンターや集合住宅などの分野において強みをもっている。

組織設計事務所にも増して、大手ゼネコンの設計部への就職は競争が激しくなっていて、狭き門だといえる。就職の状況についても、組織設計事務所と似た傾向にあるようだ。

その他のプロの建築家としての仕事

設計事務所やゼネコンの設計部での仕事以外にも、プロの建築家としての職場は多方面に開けている。

まず、インテリア設計事務所など、建築のある部分のみをデザインする事務所に就職するケース。事務所によって、集合住宅のインテリア、店舗の内装、病院の内装など、得意不得意が分かれていることが多い。類似したケースとしては、サインやディスプレイ業界もある。

不動産業界や銀行などでも、大型の建設プロジェクトをマネージメントする機会が多く、クライアントの立場から建築デザインに参画するプロを求めているケースも多い。

官公庁や大型メーカーでは、「営繕《えいぜん》」という、自社内で建築デザインを遂行するチームを抱えている場合もある。国土交通省の大臣官房営繕部がその代表的な事例であ

営繕（えいぜん）
もともとは建築物をつくる（営造）ことや、保守（修繕）することを指す言葉。建築のプロの世界で営繕といえば、通常は何らかの組織において、その組織の建築物の設計や保守を専門に行なっている部署を意味することが多い。
代表的なものは、公共施設の設計や保守に関わっている官庁営繕であり、その中心的な存在が「国土交通省大臣官房官庁営繕部」である。官庁営繕部の仕事も建築デザインのプロの仕事といえるだろう。

ろう。

ハウジングメーカーも、建築のプロを多く抱えている業種である。一般的な住宅と異なり、部材から生産までを睨んで商品的に住宅を開発する、他の分野の建築デザインとは一味違った仕事が経験できる。

変わったところでは、建築専門雑誌といった仕事も、建築のプロの領域といえるだろう。大学などの教育機関へ進む道もある。

直接、建築デザインを行なわないにしても、建築デザインを学んだ経験をバックグラウンドとする仕事を入れれば枚挙に遑《いとま》がない。進路決定や就職後の軌道修正にあたっては、しっかりとしたリサーチが必要だ。

木材会館のモックアップを前に打ち合わせ中。

Section 1-6

建築は誰がつくる?設計を実現させる施工のプロセスについて

建築は、設計が終わっただけじゃ実現されない。「施工」という工事のプロセスを経て実現される。

設計と同様に、建築の施工もまたチームによる仕事だ。工事の発注はクライアントが行なうが、その発注の手伝いをするのもプロの建築家の仕事である。

住宅であれば「工務店」が、大型の仕事であれば「ゼネコン」と呼ばれる施工全体の仕事を「請け負う」会社に工事を発注する。さらに、工務店やゼネコンは、工事内容を設備や内装などに分けて、別の会社に発注する。「下請け」、「専門業者」、「サブコン」などは、工務店やゼネコンから部分的な仕事を引き受ける別会社のことを指す。

特にサブコンという呼び名は、設備工事一式など、まとまりのある工事を、ゼネコンの元で担当する場合の呼び名であるが、大型のプロジェクトでは設備工事が、電気設備工事、衛生設備工事、空調設備工事などに区分され、専門のサブコンに「発注」されることが一般的だ。

ゼネコン

建築の施工をクライアントより一括(いっかつ　ひとまとめの意味)で引き受ける施工者をゼネコンという。
ゼネコンのゼネとは英語のGeneralで、総合とか一括という意味。コンは、Contructorで、請負という意味。したがってゼネコンとは、文字通り総合請負業を意味する。
日本では、大林組、鹿島建設、清水建設、大成建設、竹中工務店の5社が飛びぬけて大きく、「スーパーゼネコン」と呼ばれる。

ややこしくなってきた。25ページの図で、建築の設計自体は意匠設計や構造設計、そして設備設計の3つに区分されていると解説した。これは設計側からの区分である。今、ここで述べているのは、つくる側から見た区分だ。それぞれの立場の違いから、よく似ているようで少しだけ異なっている。また実務による区分なので固定的ではなく、プロジェクトや規模、さらには時代ごとに変わっていくものでもある。

一般に民間の工事では、煩雑さをなくすため、工事を一括してゼネコンに依頼し、ゼネコンがサブコンを雇う形式が多い（これを一括発注という）。

一方、公共の仕事では、ゼネコンとサブコンを分離し、どちらも国側から発注する（分離発注）。手間はかかるが、工事費の透明化を図っているためだろう。

次ページでは、小規模プロジェクトの①工務店・ゼネコンへの一括発注、②ゼネコン・サブコンへの分離発注の典型的なパターンを図示してみた。

学生のうちに、こうした発注形態を頭に入れることは難しいだろう。ここでは、建築の設計がひとりでできないように、建物を実際につくる（施工という）ために多くの人が関わることをまず理解してほしい。そして施工に携わる多くの人々も、学校で建築のプロになるべく教育を受けた人たちであり、プロの建築家として仕事をするということである。

サブコン
工事を一括ではなく、部分的に引き受けるのがサブコンで、ゼネコンに対する対概念である。一括発注ではゼネコンの下請けとなるが、分離発注では、クライアントと直接工事契約を行なう。実際にはサブコンからさらに細分化された工事を専門工事業者へと発注することが一般的である。

施工のプロセス①（工務店・ゼネコンへの一括発注の場合）

〈住宅など、小規模な建築の場合〉

〈オフィスビルなど、大規模な建築の場合〉

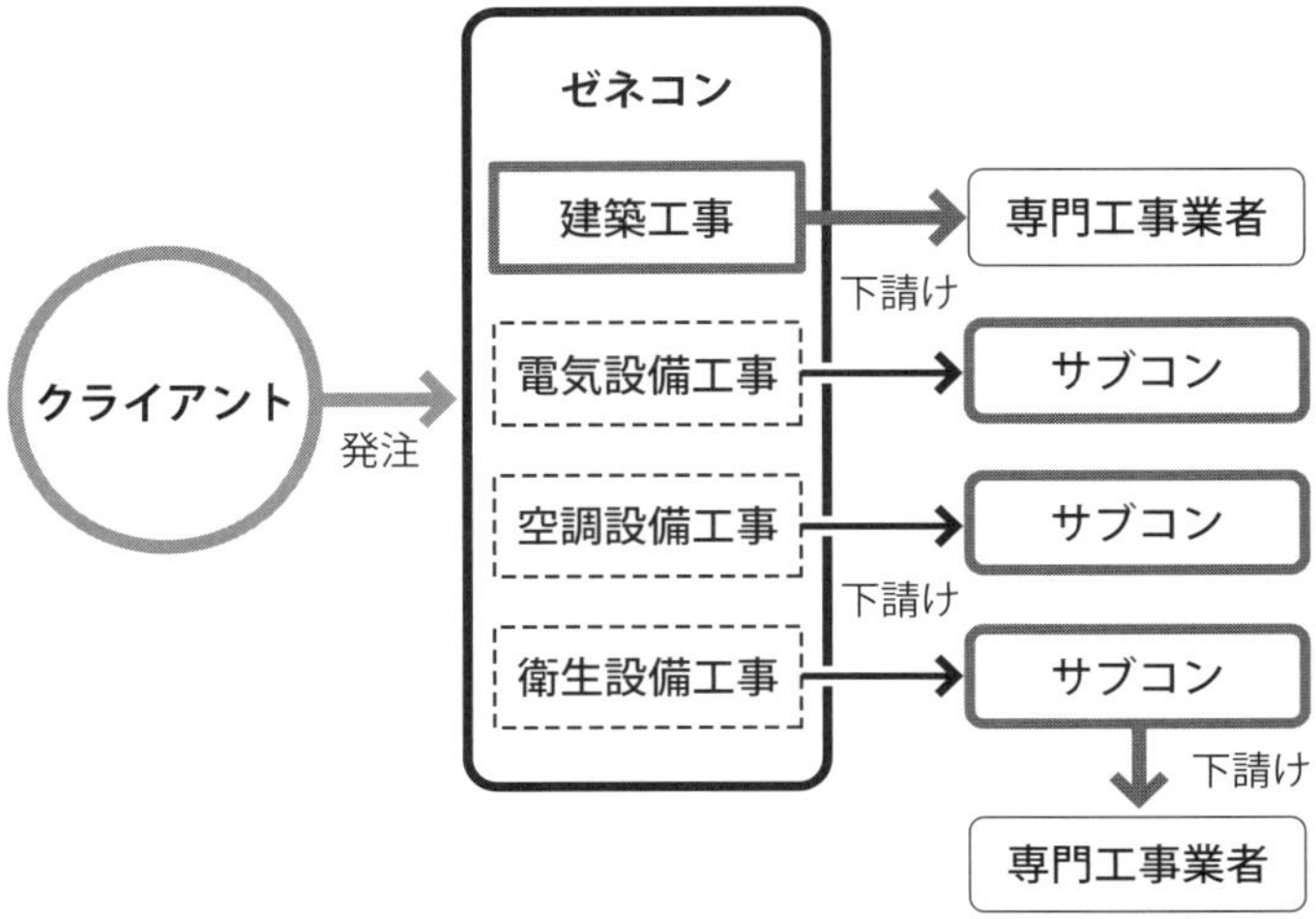

施工のプロセス②（ゼネコン、サブコンへの分離発注の場合）

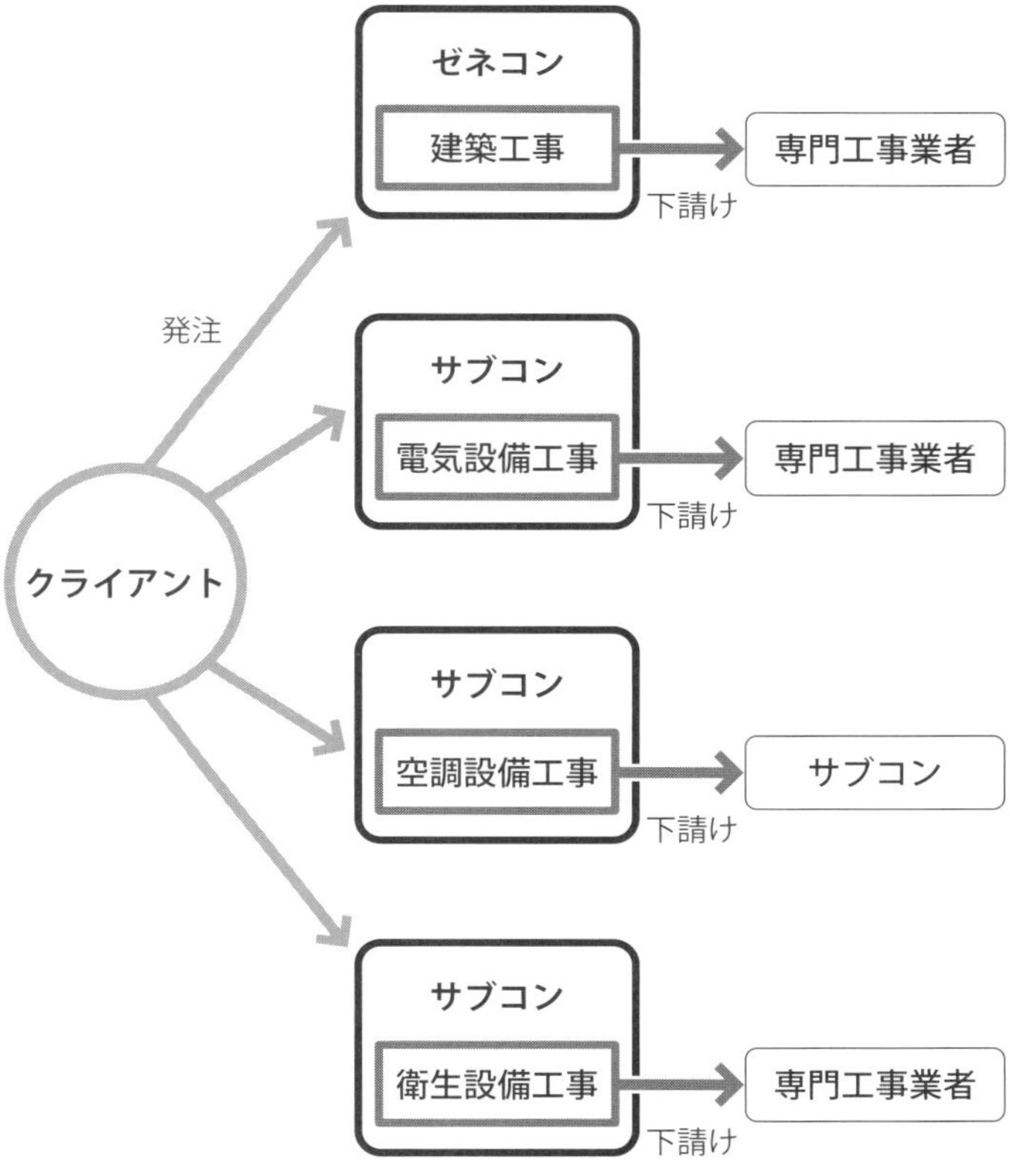

Section 1-7

設計から竣工までの流れ
プロセスの理解とスケジュールの立案が重要

これまで書いてきたように、建築を生み出すのは個人作業ではなくて、チームワークだ。設計から竣工まで膨大な人々が関わるのが一般的だ。

多くの人が関わりつつも、プロジェクトを円滑に進めていくためには、具体的なプロセスの理解とスケジュールの立案が必要だ。

設計段階での主な登場人物は、設計を依頼する側のクライアント（発注者）と、建築家になる。実際には、建築家は多くのデザイナーやエンジニアとのチーム作業を行なう。

建築家には、設計を法律に適合させ、さまざまな申請を行なうという役割もある。設計段階に登場してくる関係省庁などの登場人物の間を円滑に取りもち、設計を順調に行なっていくためには、スケジュールの立案が重要になる。そして、設計段階でのスケジュールの立案は、普通は建築家が行ない、責任をもたなければならない。

建築のプロになるには必要不可欠な能力であるが、一朝一夕に習得できる技術ではなく、経験が必要である。

設計を終えた後の、施工時のスケジュールの立案は、今度は工務店やゼネコンの仕事になる。とはいえ、建築家はこれをチェックする義務がある。施工の期間、建築家は遊んでいるわけではなく、図面の通りに建物がつくられているかを「監理《かんり》」する重要な仕事が待っている。

監理段階での建築家の仕事

- 設計の意図や、設計図では表現できないところを施工者に正しく伝える
- 設計図通りに施工がなされているかを検査する
- 施工がスケジュール通り進行しているかをチェックする
- 施工者への助言　など

一見地味ではあるが、この監理段階の仕事が適切に行なわれない限り、設計した建物は建築家の意図した通りに完成しない。プロの建築家にとって重要な仕事のひとつだといえるだろう。

また、監理段階は建築家にとって、設計図を描く場と異なり、目の前で実際の物が

監理（かんり）
建築が、設計図や設計の意図の通りに施工者によってつくられるかを監理・指導する仕事のことで、建築のプロの重要な仕事でもある。

でき上がっていく過程と触れ合える貴重な場である。苦しいことも多いが、施工段階から得た知識や経験が、次の設計で重要な鍵を握ることはしばしばある。設計から離れてしまう足踏みのような期間にも感じられるが、プロになりたての若者の多くが、現場監理が「楽しくて楽しくて仕方がない」と感じているようだ。

チャンスがあれば、監理の仕事にも積極的に飛び込んでみよう。

ホキ美術館（千葉県）の工事中の様子。

設計から竣工までの役割分担と流れ

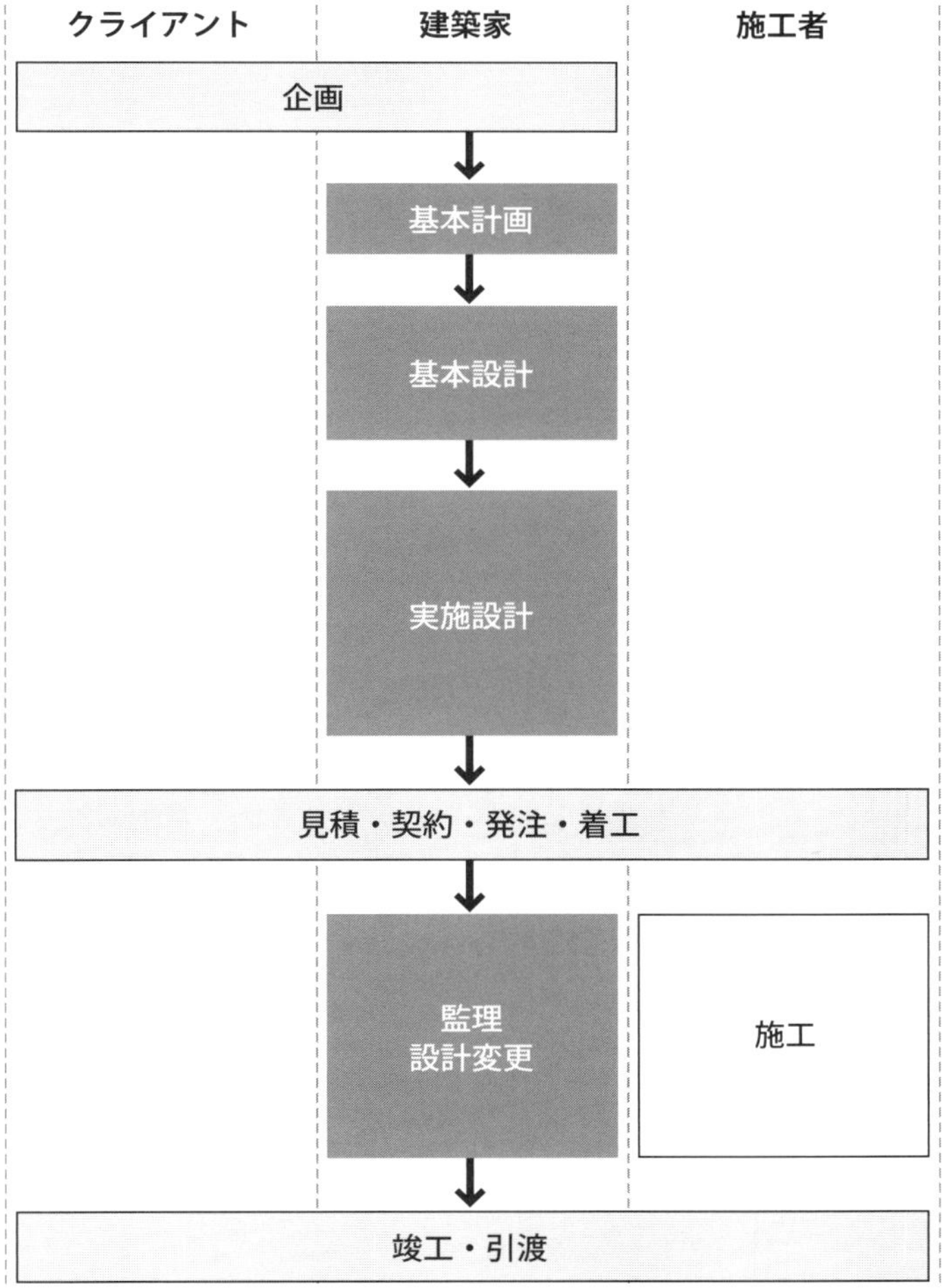

Section 1-8

建築、建築家、建築デザインって何なんだ?

先人が語った言葉をたどる

プロの建築家を目指して、学校へ入ったり、社会に出て活動を始めたりすると、当然のことながら、建築や建築家、そして建築デザインについて何度も何度も考えをめぐらすことになる。建築を哲学するようになるのだ。

「建築とは何か」といった根源に立ち戻る人から、「そもそも何で建築なんて勉強しているのか」と、自分が置かれている状況そのものに悩むなんてことも珍しくない。いや、今までプロの建築家を目指してきた人ならば、誰もがみな悩んできたはずだ。

答えは簡単には見つからない。むしろ、この答えを見つけ出そうというモチベーションこそが、新しい建築の創造を促すのかもしれないし、プロの建築家として歩むこと自体が、この問いへの答えを探す道なのかもしれない。

とはいえ、多くの先人が同じ問題に悩み、悟りに行き着き、それを多くの著作の中で記述している。興味深いのは、その解答がひとつではなく、同じ建築家ですら反芻《はんすう》するたびに、答えが変わっていくことだ。

「建築とは何か？」建築のプロを志す限り、永遠に仮説を構築し、それを疑い、解体し、再構築をするプロセスが課せられる。迷いが生じたら、先人が語った言葉をたどることも重要であろう。

ただし、役に立つのは偉大な先人が書物に残した言葉だけではない。

課題に直結する疑問や世代特有の悩みなどは、身近な先輩の一言が、偉大な巨匠が記した一冊の書物にも増して救いの手を差し伸べてくれることもある。教授やゲスト講師の痛烈な批判に目が覚めることがあるかもしれない。今まで聞き流していたヒットソングの歌詞が、暗闇の中を導く明かりとなることもある。

建築について思い悩むことは、苦しくつらい。しかし、思い悩むことで初めて自らの感性を開き、先人の言葉に耳を傾け、そこから何かを受け取ることができるのかもしれない。

デザイン確認のため、設計中につくられたホキ美術館の模型。

「建築とは？」――先人たちの名言

「いい建築には、用、強、美を兼ね備えることが求められる」
ウィトルウィウス　B. C. 1C

「空間は、それがいかにつくられているかの証拠が見えない限り空間ではない」
ルイス・カーン　1901-1974

「建築家は預言者でなければばならない。真実の意味の預言者だ。10 年先を見ることができないものは、建築家と称することはできない」
フランク・ロイド・ライト　1867-1959

「形態は機能に従う」
ルイス・サリバン　1856-1924

「建築は住む機械である」
ル・コルビュジェ　1887-1965

「機能的なものが美しいのではない。美しきもののみ機能的である」
丹下健三　1913-2005

「Less is more」（より少ないことは、より豊かなことである）
ミース・ファン・デル・ローエ　1886-1969

「Less is bore」（より少ないことは、退屈だ）
ロバート・ヴェンチューリ　1925-

「私にはいわゆる様式も近代もなく、筆を下ろしたとき、その瞬間がすべてなのです」
村野藤吾　1891-1984

「美は追い求めるものではなく、副産物として生まれる」
レム・コールハース　1944-

第2章 建築を学ぶ

HOUSE BB（長野県）
WM+associate　川島範久+田中渉+平岩良之+高瀬幸造

興味をもつことが、学ぶことの始まりだ

プロの建築家が歩む道のりは、一生、学習とは縁が切れることのない、長い道のりである。

建築の歴史は、個人の人生に比べ、とてつもなく長い。建築の根本原理はきわめてプリミティブ（基本的な要素）なものの上に成り立っている。このため、建築に関わるもっとも古い著作が今でも有効であったりする。

一方で、建築は最新の知識や文化を貪欲に取り入れるものでもある。このためプロの建築家には、CPD（Continuing Professional Development）と呼ばれる生涯学習が義務付けられているのだ。

さらに厄介なことに、建築は書物だけでは学べない。実際に現場を訪れて、見る、実測する、触れることは基本である。もちろん、先輩や有名建築家の話に耳を傾けること、常に建築に対して疑問をもって考えることも、きわめて重要になる。

建築に関わるもっとも古い著作

建築評論家のポール・ゴールドバーガーが書いた『Why Architecture Matters（なぜ建築が重要なのか?）』という本の中には、ローマ時代の建築家ウィトルウィウスの言葉がいまだ有効なものとして取り上げられている。目の前には、果てることのない膨大な知恵が先人によって積み上げられている。

木材会館のレクチャーにて

Section 2-1

メンターを探そう

建築のことなら何でも相談できる先輩を探す

建築のことなら何でも相談ができて、それでいて尊敬できる先輩が身近にいたら、建築を学ぶうえでこんなに頼りになることはない。

メンターとは、指導者や師匠の意味で、建築を学ぶ際の手本となる人物だ。かつて建築家には、「旦那」と呼ばれる目利きのクライアントがいて、ユーザーの立場と広い知見から建築家を導いた。いい建築をつくるには、適切な話し相手、指導者が必要なのだろう。建築を考えるうえで、迷ったり見えなくなったときには、メンターに相談をする。相談ができなくても「メンターだったらどのように考えるだろうか?」といったシミュレーションを行なうだけでも頭の中が整理できる。

もちろん、メンターは仲のいい教授でもいいし、会社の先輩でも同僚でもいい。インターネットの時代だから、ブログを漁ればウェブ上にメンターを発見できるかもしれない。

まずは身近なところから探してみよう。

メンター(mentor)

教育には、上からの支持や命令による一方的なものと、対話を重視して自発的に発達を促す方法とがある。メンターとは、そうした対話を重視した教育(メンタリング)方法において、主導的に教える立場にある人間を指す言葉だ。

メンターを探す手がかり

メンターは身近な先輩や同僚、教授でもいいし、会ったこともないスター建築家でもいい。大切なことは自分がお手本にしたい人物を見つけることにある。

ネットで探す	• 建築家のブログを読み漁ってみる • Twitter で建築についてつぶやいてみる。もしくは建築をテーマにつぶやいている人をフォローする • SNS の建築系サークルに参加してみる
身の回りで探す	• 先輩との飲み会に行く • 先輩の課題や仕事を手伝ってみる • 先輩の卒業制作を手伝ってみる
足を運んで探す	• 研究室や気になる設計部に出入りしてみる • ゼミや勉強会に参加してみる • インターカレッジ、事務所の枠を超えたイベントに参加してみる

Section 2-2

最初に読むならこれだ！

建築初心者は、この建築書を手に取ってみよう

建築を学ぶ学校に入学すると、「必読書100冊」といった、学生の間に読むべき建築書のリストを手渡されることが多い。いわゆる「名著」といわれるやつだ。読書習慣がある人は片っ端から読めばいい。問題は読書習慣がない人。専門書の文章はとっつきづらいから、少々の努力が必要だ。

最初は、直感で気に入った、相性がよさそうな本から始めよう。書店や図書館に出かけ、まずは数分、パラパラと眺める。前書きと、あとがき、そして目次を睨んで、なんとなく意味がつかめそうだったら、本文にも目を通してみる。読めそうだという直感があったら購入してみる。

これら必読書は、一度きりではなく二度、三度と読み返すことが重要だ。最初の一回は図書館で借りてもいいかもしれないが、気に入った本は古本でもいいから手に入れ、繰り返し読み込んでみよう。いずれも有名な本ばかりだから、インターネットで簡単に検索できる。

僕の経験からいえば、これらの必読書は、大学や大学院で学ぶ間を超えて、社会人になってからボディブローのように効いてきて、再び読み直したくなることがたびたびある。僕も、学生の時にはピンと来なかった考現学のアプローチが、40代になって乃村工藝社などの設計の際には、設計に先立つ「リサーチ」を始める大きなきっかけになった。

環境の時代になり、「建築家なしの建築」の中に現れる多くのバナキュラーな（土着的な）建築のもつ意味は、古臭くて奇異なものから、環境に根ざしたサスティナブル（継続性のある）なものを考えるうえでの大きなヒントを与えてくれるものへと変わった。

当初は単なる娯楽として手に取った『帝都物語』（荒俣宏著・角川書店）が、東京で仕事を進めるうちに、東京に関する膨大な史実や資料が凝縮された上に構築された物語であることに気づいた。今や東京を読み解くうえでの視座を楽しく与えてくれる貴重な文献であると感じている。

名著が根底にもっている明確な視点は、一度は時代遅れに見えても、やがて時代を超えて、新しい視座を与えてくれることがたびたびある。これこそが名著たる所以《ゆえん》なのだろう。

建築初心者へのおすすめ本

タイトル	著者	出版社
明日の田園都市	エベネザー・ハワード	鹿島出版会
アメリカ大都市の死と生	ジェイン・ジェイコブズ	鹿島出版会
陰翳礼讃	谷崎潤一郎	中央公論新社
インターナショナル・スタイル	ヒッチコック＆ジョンソン	鹿島出版会
ウィトルーウィウス建築書	ウィトルウィウス	東海大学出版会
宇宙船地球号　操縦マニュアル	バックミンスター・フラー	筑摩書房
考現学入門	今和次郎	筑摩書房
口紅から機関車まで	レイモンド・ローウィ	鹿島出版会
建築家なしの建築	バーナード・ルドフスキー	鹿島出版会
建築をめざして	ル・コルビュジェ	鹿島出版会
構造と力　記号論を超えて	浅田彰	勁草書房
コート・ハウス論	西澤文隆	相模書房
実存・空間・建築	ノルベルグ・シュルツ	鹿島出版会
第一機械時代の理論とデザイン	レイナー・バンハム	鹿島出版会
代謝建築論 か・かた・かたち	菊竹清訓	彰国社
小さな家	ル・コルビュジェ	集文社
小さな森の家	吉村順三	建築資料研究社
沈黙の春	レイチェル・カーソン	新潮社
東方への旅	ル・コルビュジェ	鹿島出版会
都市のイメージ	ケヴィン・リンチ	岩波書店
日本建築史序説	太田博太郎	彰国社
日本美の再発見	ブルーノ・タウト	岩波書店
バックミンスター・フラーのダイマキシオンの世界	バックミンスター・フラーほか	鹿島出版会
表徴の帝国	ロラン・バルト	筑摩書房
街並みの美学	芦原義信	岩波書店
見えがくれする都市	槇文彦	鹿島出版会
ミース・ファン・デル・ローエ	ディヴィッド・スペース	鹿島出版会
みっともない人体	バーナード・ルドフスキー	鹿島出版会
明治の東京計画	藤森照信	岩波書店
ライトの建築論	フランク・ロイド・ライト	彰国社
ルイス・カーン建築論集	ルイス・カーン	鹿島出版会
コンパクト建築設計資料集成	日本建築学会	丸善

Section 2-3

建築を追究するならこれだ！

建築に悩み始めたら、こんな本を読んでみよう

箱の家シリーズで知られる建築家の難波和彦さんのブログを覗いてみると、建築家が多忙な日常の中でも非常にさまざまなジャンルの本を手に取っていることがわかる。難波さんによれば、

「僕にとって本も一種の建築であり、読書は構築された思考の追体験にほかならない。逆に言えば、建築は構築的な思考を目に見える形にした、一種の本なのである」ということだそうだ。難波さんに限らず、本を読むことは建築を構築するうえで非常に大きな影響力をもつものなのだ。

前項で紹介した本は、どちらかといえば建築の概論的な部分に関するものであったのに対して、ここで紹介する本は、より建築の哲学に近い部分に関わるものといえる。各著者は、ほかにもたくさんの重要な本を残している。著者名でインターネットを検索し、リンクをたどれば、膨大なブックリストを簡単に入手できる。次ページのリス

難波和彦

意匠設計者として数々の受賞歴をもつと同時に、サステイナビリティ（持続可能性）を考慮する工業的側面も高い評価を得ている。その論理の実践は「箱の家」シリーズでなされていて、これまでに百棟を超える作品が生み出されている。

トにとどまらず、読書の幅を広げてほしい。

たとえば、『スカートの下の劇場』や『利己的な遺伝子』などは、建築のために書かれたものではないが、多くの建築家によって読まれ、彼らのもの事の考え方に大きな影響を与えた本として知られている。事実、僕も大きく影響を受けた本だ。

前者は下着について語られたものでありながら、当たり前と思っているものを読み解き、そこに隠れた意図や意味を探り当てるプロセスをたどる。これは僕ら建築のプロが、建築という当たり前のものの中に、隠れた意図や意味を探り当てるプロセスに対して大きなヒントを与えてくれる。

また後者は、我々を含めた生物の行動のほとんどが、遺伝子を残し後世に伝えたいという利己的な戦略で説明ができるという内容である。この説に従えば、僕らが日々悶々と取り組んでいる「建築をつくる行為」もまた、人類の遺伝子を残すべき利己的な行為の一環であるということになる。建築教育が僕らに教えてくれるものとは大きく異なる視点を授けてくれたもので、いまだに僕自身の建築を考えるうえで、大きな影響を与えている本でもある。

『スカートの下の劇場』
上野千鶴子著（河出書房新社）

『利己的な遺伝子』
リチャード・ドーキンス著（紀伊國屋書店）

建築を追及するための本

タイトル	著者	出版社
CODE　VERSION2.0	ローレンス・レッシグ	翔泳社
アースダイバー	中沢新一	講談社
アンチ・オイディプス （上下）	ジル・ドゥルーズ＆ フェリックス・ガタリ	河出書房新社
暗黙知の次元	マイケル・ポランニー	筑摩書房
「いき」の構造	九鬼周造	講談社
隠喩としての建築 ＜定本　柄谷行人集２＞	柄谷行人	岩波書店
監獄の誕生	ミシェル・フーコー	新潮社
空間・時間・建築	ジークフリード・ギーディオン	丸善
建築神話の崩壊	マンフレッド・タフーリ	彰国社
建築の解体	磯崎新	鹿島出版会
建築の世紀末	鈴木博之	晶文社
建築の多様性と対立性	ロバート・ヴェンチューリ	鹿島出版会
コラージュ・シティ	コーリン・ロウ	鹿島出版会
錯乱のニューヨーク	レム・コールハース＆フレッド・ コッター	筑摩書房
シュミラークルと シミュレーション	ジャン・ボードリアール	法政大学出版局
白い机　若い時	ヨーラン・シルツ	鹿島出版会
ソシュールの思想	丸山圭三郎	岩波書店
匠明	伊藤要太郎	鹿島出版会
テクトニック・カルチャー	ケネス・フランプトン	ＴＯＴＯ出版
パタン・ランゲージ	クリストファー・アレグザンダー	鹿島出版会
複製技術時代の芸術	ヴァルター・ベンヤミン	晶文社
マニエリスムと近代建築	コーリン・ロウ	彰国社
メディア論	マーシャル・マクルーハン	みすず書房
野生の思考	クロード・レヴィ・ストロース	みすず書房
風土	和辻哲郎	岩波書店
建築家　林昌二毒本	林昌二	新建築社
苔のむすまで	杉本博司	新潮社

Section 2-4

実務としての建築を学ぶならこれだ！
プロを目指すためには、まずこの本を読んでみよう

「考え方」だけでは建築はできない。実務には、情報やノウハウを満載したマニュアル本の類もどうしても必要になってくる。これらは名著や必読本というよりも必携本と呼ぶのが正しいかもしれない。

まずは、実務において逃げることができない建築関連法規の資料だ。いわゆる小六法のように建築関連法規がコンパクトにまとめられた本が複数の出版社より出されていて、表紙の色により「赤本」「青本」「オレンジ本」などと呼ばれている。

いきなり法令にあたるのが難しい場合は、インデックス代わりの本も必要になる。『建築申請memo』がその代表的な事例だ。限られた時間の中でアイデアをひねり出すには、発想法などを紹介したビジネス書も役に立つだろう。これらは、学校では教えてくれないが、実務者のほとんどがもっている隠れたベストセラーといえる本である。

ご多分に洩れず、建築の法規は難解だ。一度読んだだけでは到底理解できない。『建築申請memo』などの書籍は、建築基準法の大きな枠組みや、実務でしばしば問題となる法文の解釈を、図版などを使ってわかりやすく解説してくれている。法規の概略をつかむには非常に実用的な本である。

一方で、これらの本はあくまでも「解説書」にすぎず、法文そのものではない。だから、解説書で概略を理解したら、今度はその大元の法文をきちんと読み解き、理解する必要がある。実務の中では、法文の解釈が重要な論点となることがしばしばある。役所との打ち合わせの中で、「法文のどこそこに書いてある」という議論は許されるが、「解説書のどこそこに書いてある」という説明は許されない。

建築のプロである以上は、そのデザインは、建築関連法規に即したものでなければならない。そのためには、インデックスとして解説書を使っても、必ず元の法文に戻って、自らの法解釈が正しいものであるか、検証する習慣を身につける必要がある。

実務のための必読本

タイトル	著者	出版社
建築工事標準詳細図	公共建築協会／国土交通省	公共建築協会
公共建築工事標準仕様書	公共建築協会／国土交通省	公共建築協会
建築設計資料集成	日本建築学会	丸善
建築申請 memo	建築申請実務研究会	新日本法規出版
建築消防 advice	建築消防実務研究会	新日本法規出版
建築基準法関係法令集　(赤本)	建築行政会	光和堂
基本建築関係法令集 [法令編] (青本)	国土交通省／建築技術者試験研究会	霞ヶ関出版社
基本建築基準法関係法令集 (オレンジ本)	国土交通省／建築技術研究会	建築資料研究社
発想法	川喜田二郎	中央公論新社
思考の整理学	外山滋比古	筑摩書房
知的生産の技術	梅棹忠夫	岩波書店
発想する会社！	トム・ケリーほか	早川書房
建築設計資料集成　総合編	日本建築学会	丸善
建築設計資料集成　拡張編 (全 13 巻)	日本建築学会	丸善
コンパクト建築設計資料集成	日本建築学会	丸善
コンパクト建築設計資料集成 ＜住居＞	日本建築学会	丸善
コンパクト建築設計資料集成 ＜バリアフリー＞	日本建築学会	丸善
建築設計資料 (全 130 巻を予定)	建築思潮研究所	建築資料研究社
建築計画・設計シリーズ (全 42 巻)	高木幹朗	市ケ谷出版社
オフィスブック	「オフィスブック」制作グループ	彰国社

最初は先輩から借りてもいいが、やがて自分に必要な本が見えてくる。そうしたら迷わず買ってしまって損はない。必ず繰り返し使うことになる。

Section 2-5

最新の情報を学ぶならこれだ！名著、古典と同時に現代のデザイン、思想にも触れる

プロの建築家を目指すためには、今の世の中の動向にも目を向ける必要がある。建築を学んでいると、教官や上司から「無闇《むやみ》に流行を追いかけてはいけない」と教えられることがしばしばある。建築は数十年、時には数百年と生きながらえるものだから、流行を悪戯《いたずら》に追ってはいけないというのがその考えの元にある。

でも、建築が置かれている社会に目を向けてみると、実はこの社会のほうも絶え間なく揺れ動き、変遷していることに気づく。変わらない原則にしがみつくことは、変わり行く社会から見れば変化と同義であり、流行を追うことと本質的に違いはないようにも思えてくる。芭蕉がいう「不易流行《ふえきりゅうこう》」のごとく不易（普遍の法則）と流行（変化する姿）とは、相反するものではなく、その元はひとつであるのかもしれない。

「ちめんかのや」などの非常に個性的、かつ現代の流行の潮流とは無縁に見える作品をつくり続けている建築家、齋藤裕はこんなことを言っていた。

齋藤裕
独学で建築を学び、1970年に齋藤裕建築研究所設立。
「ちめんかのや」（東京都中野区）は1988年の作品。

「30代には、30代でしかつくれない建築をつくりたい」

おそらく流行に関する感性は、年齢とともに変わる。多くの若者が流行を追い求め、敏感にそれに反応する状況であるのは、むしろ当然のことかもしれない。もっとも流行に敏感な、10代後半から20代にかけて、大学のアカデミズムの中に埋もれて、流行とは無縁の建築教育にだけ触れることも不自然のように思われる。10代には10代にしか感じられない流行や、建築があってもおかしくはない。人生の一時、徹底して流行を追い求めることも悪くないのかもしれない。

もし、今、あなたにとって流行の建築を追うことがもっとも琴線に触れると感じられるならば、それを徹底的に追いかけること。何であれ、徹底して追い求めた情熱は、後に建築をつくるうえでのなんらかの力になるに違いない。

ルネ青山ビル（東京都港区）
ガラスのダブルスキンが特徴で、夜はLEDによるイルミネーションが楽しめる。

現代の潮流がわかる本

タイトル	著者	出版社
1995年以後　次世代建築家の語る現代の都市と建築	藤村龍至ほか	エクスナレッジ
Anyone　建築をめぐる思考と討議の場	浅田彰ほか	ＮＴＴ出版
アーキテクチャの生態系	濱野智史	ＮＴＴ出版
アトラス　新しい建築の見取り図	ジェシーライザーほか	彰国社
風の変様体	伊東豊雄	青土社
紙の建築　行動する	坂茂	筑摩書房
近代建築史	鈴木博之ほか	市ヶ谷出版社
原初的な未来の建築	藤本壮介	INAX出版
建築家は住宅で何を考えているのか	難波和彦ほか	PHP研究所
建築に何が可能か	原広司	学芸書林
建築の四層構造	難波和彦ほか	INAX出版
建築を語る	安藤忠雄	東京大学出版会
行動主義 レム・コールハースドキュメント	瀧口範子	TOTO出版
住宅論	篠原一男	鹿島出版会
情報の歴史を読む	松岡正剛	NTT出版
新編　住居論	山本理顕	平凡社
スーパーガイド 建築探偵術入門	東京建築探偵団	文藝春秋
そっと建築をおいてみると	乾久美子	INAX出版
対話・建築の思考	坂本一成、多木浩二	住まいの図書館出版局
団地再生計画／みかんぐみのリノベーションカタログ	みかんぐみ	INAX出版
ちいさな図版のまとまりから建築について考えたこと	石上純也	INAX出版
つくられた桂離宮神話	井上章一	講談社
デザインのデザイン	原研哉	岩波書店
デザインの輪郭	深澤直人	TOTO出版
動物化するポストモダン	東浩紀	講談社
人間の境界はどこにあるのだろう？	フェリペ・フェルナンデス・アルメスト	岩波書店
原っぱと遊園地	青木淳	王国社
負ける建築	隈研吾	岩波書店
メイド・イン・トーキョー	貝島桃代ほか	鹿島出版会
笑う住宅	石山修武	筑摩書房

Section 2-6

プロにとっても重要な専門誌の情報

最新の建築思潮をテキストとビジュアルで感じよう

前項では、最新の建築情報を学ぶための書籍を紹介した。ここでは、書籍以上に新しい情報を、しかも定期的にもたらしてくれる建築専門誌を紹介する。

専門誌の第一義的な役割は、最新の情報をもたらすことである。だが、プロにとっては、「自らの作品を世に問うための場」としても重要な役割を果たしている。名の知れた巨匠は別として、建築のプロだからといって、作品がいきなり専門誌に掲載されることはない。多くのプロが掲載を希望し、雑誌社に自作をもち込むものの、多くが日の目を見ることはないのが実情だ。

僕自身の例でいうと、最初に雑誌で掲載されたのは、写真家からの紹介がきっかけだった。担当したオフィスビルのロビーで使った家具が若手の新進アーチストの作品で、それを撮影に来られた写真家の仲佐猛さん（ナカサ&パートナーズ）が僕の仕事を気に入って、メディアを紹介してくださったのだ。

しかし、一度掲載されたからといって、次から次へと作品ができるわけもなく、またつくった作品がすべて自動的に掲載されるわけでもない。専門誌に作品を継続的に載せることができるのは、プロ建築家の中でもほんの一握りの人々にしか許されない特権なのだ。

そんな難関を潜り抜けたにもかかわらず、雑誌に掲載された作品は、まだまだ玉《ぎょく》石混淆《せきこんこう》の状態である。この中からほんの一握りが、社会に認められる作品としての地位を占めることが許される。

「すべてはメディアであり、メディアはメッセージを運ぶのではなく、メディアそのものがメッセージである」（マクルーハン）という言葉がある。

すなわち、専門誌はメディアであるので、作品はそこで取り上げられた瞬間に、別の情報へと変質している。自らの目をもって、専門誌の中にならぶ作品群から、本当に優れているもの、自らが必要としている情報を射抜く目。さらには、本物へと直接出向いて生の情報に触れる足とを、鍛えていく必要がある。

マーシャル・マクルーハン

1911-1980　カナダのメディアに関する理論家。メディアとメッセージに関する著作や膨大なコメントを残し、また、種々の一般大衆メディアに自分自身が登場した。

このため1960～70年代、時代の寵児としてもてはやされたのと同時に、専門家の間では賛否両論が揺れ動く。上記の有名なアフォリズムのほかにも、「ホット／クール」、「グローバルヴィレッジ」など、さまざまな概念を示した。代表的な著作には『メディア論ー人間の拡張の諸相』（みすず書房）などがある。

代表的なデザイン系建築専門誌（その１）

新建築	月刊	新建築社
	創刊 80 年を越える歴史をもつ日本を代表する建築雑誌。	
GA　JAPAN	隔月	ADA
	写真家、二川幸夫氏が率いる A.D.A.EDITA Tokyo が発行している建築デザイン雑誌。	
日経アーキテクチュア	月２回発行	日経 BP 社
	日経 BP 社が発行している建築総合情報誌。他メディアがもたない多面的な切り口をもつ。	
建築知識	月刊	エクスナレッジ
	実務で活躍する建築家に向けて、積極的に法規や、材料といった実務情報を提供している雑誌。	
建築ノート	年２回発行	誠文堂新光社
	建築デザインの側面に特に力を入れ、一般読者をも視野に入れた建築デザイン雑誌。	
建築技術	月刊	建築技術
	建築技術に軸足を置きつつ、建築の全般を網羅的に取り扱う雑誌。毎号特集形式が特徴。	
建築ジャーナル	月刊	建築ジャーナル
	建築実務に携わる人を対象に、ユーザーやクライアントの視点を取り入れた建築雑誌。	
近代建築	月刊	近代建築社
	設計事務所単位での特集、用途別特集などを特徴とする建築総合誌。	
商店建築	月刊	商店建築社
	商業建築、店舗建築、ホテル建築などを専門に取り扱う建築情報誌。	

代表的なデザイン系建築専門誌（その2）

JA	季刊	新建築社
	日本の建築デザインを海外へと発信することをになう日英文併記の建築デザイン誌。	
a＋u	月刊	エーアンドユー
	世界の建築デザインを、日本から世界へと発信する日英文併記の建築デザイン誌。	
Casa BRUTUS	月刊	マガジンハウス
	人気男性雑誌 BRUTUS から派生した建築デザインの情報誌。最新の情報を独自の切り口で提供。	
住宅特集	月刊	新建築社
	新建築の特集号から派生して、今や日本を代表する住宅系の専門誌。	
住宅建築	隔月刊	建築資料研究社
	文化として住まいを考える視点から、住宅デザインを専門に扱う情報誌。	
建築雑誌	月刊	日本建築学会
	日本建築学会の会報で興味深い特集が多い。年1回、作品を取りまとめた作品選集が発行される。	
コンフォルト	隔月発行	建築資料研究社
	日本のインテリア、デザイン、建築を、高い密度で読者に提供することを目指した情報誌。	
Pen	月2回発行	阪急コミュニケーションズ
	建築専門誌ではないものの、数号に1回行なわれる建築の特集の評判が高い。	
ディテール	季刊	彰国社
	建築のディテールを豊富なドローイングで伝える実務者のための専門雑誌。	
AXIS	隔月	アクシス
	デザイン全般を伝える情報誌。建築やインテリアの情報も取り扱っている。	

代表的なデザイン系建築専門誌（その3）

EL croquis	EL croquis	世界の最先端の建築デザイン情報を扱うことで定評のあるスペインの雑誌。
The Architectural review	University of Michigan Library	100 年を超える歴史をもつイギリスの建築雑誌。
FRAME	Frame Pub	オランダのインテリア雑誌で、世界各国のデザイン事情と旬のデザインを伝える。
MARK	Frame Pub	オランダの建築雑誌で、FRAME の姉妹誌。日本の建築家をしばしば扱うことで有名。
C3DESIGN	C3DESIGN	韓国発、独自の視点で世界の最新情報を伝える建築デザイン雑誌。
Architectural record	McGraw-Hill	アメリカの老舗建築総合情報雑誌。
2G	G. G	毎号ひとりの建築家を取り上げて紹介するスペインの建築雑誌。
DETAIL	DETAIL	世界の建築をディテールという切り口から紹介するドイツの雑誌。
THE PLAN	Centauro-srl	世界の建築を写真＋ドローイングで紹介するイタリアの建築雑誌。
CASA BELLA	MONDADORI	建築と都市デザインを世界に発信するイタリアの雑誌。ASJ が発行する日本語版もある。
domus	Editoriale Domus	建築、インテリア、デザインの情報を世界に発信するイタリアの雑誌。
AV	Arquitectura Viva	スペインの人気建築雑誌。世界中の建築トレンドや建築家を特集号形式で紹介している。

Section 2-7

建築家の思想に直接触れる
講演会に出かけてみる

書物や作品からでは読み取れない、建築家の考え方や人生観を知るには、その言葉を直接聞くのが一番だ。積極的に講演会へ出かけてみよう。

一流の建築家の話は、聞く人を引きつけて離さない。彼らは、そこに至るまでに多くのクライアントや、利害関係者と語り合い、数々の障壁を乗り越えてきたプレゼンの名手である。だからといって、必ずしも多弁というわけではない。

ある建築家は朴訥《ぼくとつ》と、またある建築家は熱意たっぷりに、自分のもち味を活かして語りかけてくる。講演の中身も重要であるが、建築家の語り口を学ぶことも建築のプロを目指すうえで非常に重要だ。

僕の経験では、今から25年ほど前、まだ僕が建築のプロの世界に入ったばかりの頃、東京工業大学で行なわれたレム・コールハースの講演会の衝撃が忘れられない。具体的な講演内容は記憶から吹っ飛んでいるのだが、講演中、坂本一成さんなど著名な建

レム・コールハース
20世紀後半以降、もっとも影響力をもっている建築家のひとり。ジャーナリスト、脚本家として活動後、英国建築協会付属建築専門大学（通称AAスクール）で建築を学んだ。

築家が聞き入っていた表情は鮮明に覚えている。さらに、帰りに入った喫茶店の中で、興奮して講演の内容を振り返っていた妹島和世さんとその後の快進撃、そして伊東豊雄事務所からたくさんのメンバーがその講演に参加していたようだったが、その後、講演会に触発されたような形で登場した仙台メディアテークのコンペ案など、建築的事件がひとつの講演会から引き起こされる様を実際に目《ま》の当たりにした。

同じ頃、日建設計にてシーラカンスの一員として講演をしていただいた小嶋一浩さんの「僕が日建にいたら、いたずらにアトリエの方法を模倣するのではなく、日建の技術力やリソースを徹底的に使いまくるよ」という一言は、僕のその後の方向性を決定づけた。

また会社の中で伸び悩み、退職さえ考えていたときに、当時、副社長の林昌二さんからいただいた「会社を一日に一度ぐらいは辞めたくなるっていうのはまともな人間の証拠です。建築ってそんな仕事なのですよ」という言葉は、今でも励ましとなって心に響いてくる。

雑誌やウェブ上の情報、友人や先輩の情報網を駆使して、講演会情報をかき集め、自分がマークした建築家の講演は逃さず参加しよう。

シーラカンス

1986年小嶋一浩氏が中心となり、大学院在学中に共同で設立した建築設計事務所。チームはその後変遷をくり返し、現在はC+AグループとシーラカンスK&Hに収束された。

建築家の講演会情報をチェック

□建築専門誌の講演会情報欄をチェックする

□学校に案内状やポスターが届いていないか確認する

□メンターにも聞いてみよう。未公開情報がもらえるかもしれない

□気になる建築家がいれば、こまめにブログをチェックして、講演会情報を先取りしよう。建築家だって、自分の講演会には話を聞きたいと思っている人に来てもらいたいはずだ

□情報通のブログをチェックする

□最後はウェブや検索エンジンで徹底的に探る

たとえば、

新建築の講演会・セミナー情報

http://www.shinkenchiku.net/sk/

言わずと知れたあの新建築のサイト。現時点で講演会やセミナーの情報がもっとも充実しているサイトでもある。「講演会・セミナー」をクリック。

KENCHIKU

http://www.kenchiku.co.jp

建築関連情報のポータルサイト。広範な建築情報が掲載されている。講演会情報は、「イベント」をクリック。

Section 2-8

建築とは経験するものである

建築の見学に先立ち、建築物の位置情報を手に入れる

建築を学ぶ最良の方法のひとつは、実際に見に行くことだ。見たい建物をリストアップして、探し出し、訪ね、見て、経験して、記録することで、建築をダイレクトに学ぼう。

まずはリストアップ。もっとも一般的な情報ソースは、建築専門誌や書籍からの情報になる。公共施設や商業施設であれば、建築雑誌に掲載されている概略の地図や住所から所在地をあたることになる。

すでに建設後何年も経過している作品や、歴史的なマスターピース（傑作）であれば、建築物の位置情報が詳細に記された建築マップ系の本に情報がリストアップされているはずだ。ウェブ上にも同様の情報は満載されている。概略の位置情報から、Google Map や Google Earth の航空写真やストリートビューを使えば、事前に正確な場所や周辺の詳細な情報もつかめる。

場所を確認すると、もう訪れてしまったような気になるが、それではダメ。名作は実際に触れたときに予想を超える感動を与えてくれるものだ。ただし、その感動は、ハンマーでたたかれたような衝撃を与えてくれる場合のみならず、建物を巡っているうちにじんわりと染み渡ってくるものもある。だから、建築場所に着いた瞬間に、建物の主要なアングルをデジカメに収めて満足するような、訪れたことが目的となるような見学は避けよう。できるだけ時間をかけ、その建物を経験することを目的としようじゃないか。

学生の頃、僕はコルビュジェのロンシャンの礼拝堂（フランス）まで貧乏旅行でたどりついた。教会の前に立った瞬間、思わず興奮し、大声を上げてしまった。その結果、神父に叱られて、やっと着いたにもかかわらず中にさえ入れてもらえなかった。僕にとっては名作建築でも、近隣の人々や牧師にとっては、神聖極まりない場所であることにそのとき気づいたが後の祭りだった。

立ち去ることもできず、数時間ほど建物周辺をうろつき、教会の神聖さと自分のおろかさを痛感した頃、突然ドアが開き神父に招き入れられたときの感動は今も忘れられない。

ふりかえると恥ずかしい経験であるが、以後「建築とは経験するものである」ことを知った。

ロンシャンの礼拝堂

フランスのフランシュ・コンテ地方の礼拝堂。
1955年に竣工。
モダニズム、機能主義の中心となったル・コルビュジェが設計した、モダニズムのパラダイムを超えた作品。

建築マップ系の本から位置情報を手に入れる

建築を経験するためには事前に位置情報を入手しておきたい。ここでは建築マップ系の本を紹介しておく。

建築 MAP 東京・東京 2
建築 MAP 東京 mini・東京 2mini
建築 MAP 九州 / 沖縄
建築 MAP 大阪 / 神戸
建築 MAP 京都
建築 MAP 京都 mini
建築 MAP 横浜・鎌倉
（以上　ギャラリー間編・TOTO 出版　『建築 MAP 九州 / 沖縄』のみ TOTO 編著）

建築グルメマップ　東京を歩こう！
建築グルメマップ　中国・四国を歩こう！
建築グルメマップ　九州・沖縄を歩こう！
建築グルメマップ　北海道・東北を歩こう！
（以上　宮本和義ほか　エクスナレッジ）

タイトル	著者	出版社
東京アート＆インテリアマップ	—	ギャップジャパン
東京建築ガイドマップ	倉方俊輔ほか	エクスナレッジ
ヨーロッパ建築案内 (1) 〜 (3)	淵上正幸ほか	TOTO 出版
ル・コルビュジェを歩こう	吉野弘	エクスナレッジ
アメリカ建築案内 (1) 〜 (2)	淵上正幸	TOTO 出版
世界の建築・街並みガイド (1) 〜 (6)	羽生修二ほか	エクスナレッジ

その他、ほとんどの大都市で建築専門書店を訪ねれば、その都市の英文建築ガイドブックを手に入れることができる。今は amazon などを活用して、旅行前にこれらのガイドブックを入手することも可能だ。

ウェブから位置情報を手に入れる

下記のウェブには建物の位置情報が満載されている。

▶ ARCHITECTURAL MAP　http://www.archi-map.jp

自由検索のほか、地域別、設計者別、建物名称別、プリツカー賞、DOCOMOMOなどのインデックスがある。

▶建築雑誌 index　http://www.nanyodo.co.jp/kzin/kzi_top.html

建築専門書店の南洋堂が運営している有料の建築雑誌検索システム。目的としている建物が掲載されている雑誌をすばやく探し当てることが可能だ。

▶東京建物図鑑　http://arch.cside.com/tatesya.html

幅広い建築を網羅している。東京のみならず、全国、そしてアメリカ、フランスの建物情報などなど、非常に広範囲かつ膨大な情報が掲載されている。

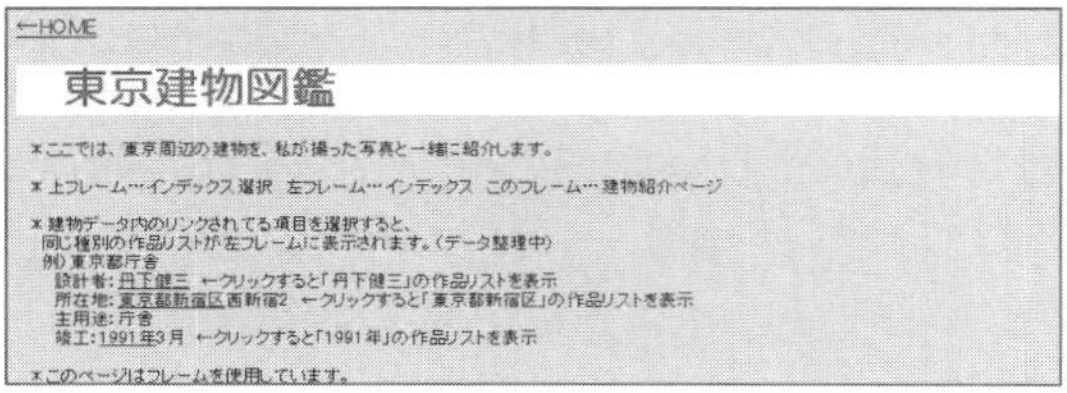

Google Map や Google Earth で位置を確認する

Google Map も Google Earth も使いやすく、奥が深い。
徹底的に使いまわしてみよう。

▶ Google Map

ウェブ上からアクセスできるデジタル地図。地図のみならず、航空写真、地形、そしてアイレベルからの町並み写真（ストリートビュー）を見ることができる。
航空写真で確認すれば、目的とする建築の正確な位置がわかる。
http://maps.google.co.jp/
詳細な使い方は、次のサイトで調べてみよう。

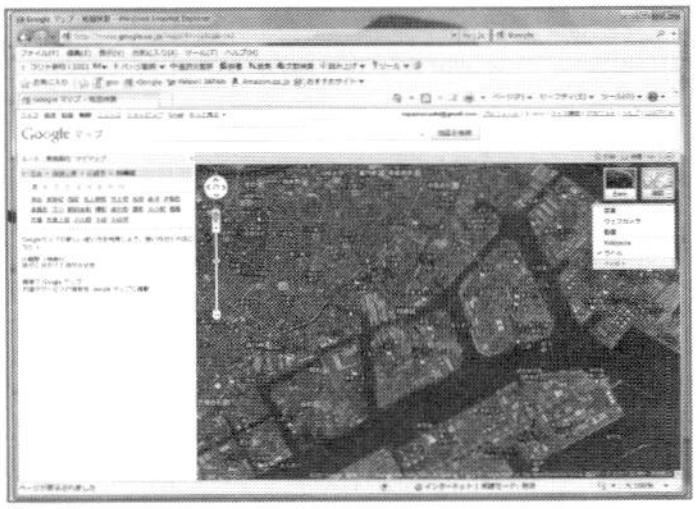

Google Mania
http://google-mania.net/webservice/googlemap#toc-googlemaps/

▶ Google Earth

Google Map が地図帳をデジタル化したものであるとすれば、Google Earth は地球儀をデジタル化したイメージだ。地球上の地形が再現され、主要な都市は建築物までもが立体化されている。加えて、海底、天空、過去の地図へもアクセスが可能だ。
Google Earth は、Google Map とは異なり、コンピュータ上で作動する独立したアプリケーションだ。ダウンロードおよび使い方は、次のサイトで。
http://earth.google.co.jp/

Section 2-9

建築を記憶に刻み込もう
建築を見て、感じたら、次は記録する

建築物を漠然と見て、直感的に感じること――これが必要だ。一方で、建築を学ぶためには、建築を分析的に読み解き、理性的に把握することも重要になる。最後は、直感的に感じたことも理性的に読み解いたことも、記憶に刻み込み、プロの建築家としての肥やしにしていくことも欠かせない。

建築を理性的に理解するためには、次の3つの手法が有効に思える。

①メモをとる

簡単なメモパッドでいい。散文形式でもいい。理解したことを書き出してみよう。Twitterでつぶやいてみるのも、しっかり論ずるならばブログを書くのもいいだろう。

②スケッチと実測

スケッチが直感的な全体把握だとすれば、実測は、建築のより部分的なものを理性

的に把握するための手段ともいえる。①と②のために、多くの建築家はスケッチブックを使う。丁寧なスケッチを重んじるならば、厚手の画用紙タイプのスケッチブックが向いている。絵が得意ならば、水彩絵の具や色鉛筆で着彩してもいい。スケッチは不慣れだけど、とにかくガンガン描いてみたい人は、薄手の紙のクロッキーブックや手帳が便利。惜しみなくスケッチを描いていける。

ちなみに僕は後者。スケールが入った平面図なども描きたいので、5ミリの方眼がうっすら入った薄手の紙のスケッチブックを使い、鉛筆と細めのサインペン、もしくは水性ボールペンでスケッチを描くことが多い。決まったルールはない。自分の手になじむ道具が見つかるまで試行錯誤してみよう。

③写真を撮る

デジカメで気になったカットを撮影してみよう。建築の場合は、撮影の対象が大型だったり、インテリアだったりすることが多いので、広角レンズ（標準換算で24ミリ以下）を搭載した機種や、薄暗い場所でも撮影が可能な機種が使いやすい。

最近は、パノラマ写真をデジカメだけで合成して、超広角の撮影が可能なカメラもある。僕もそんなタイプのコンデジ（コンパクトデジタルカメラ）を使っている。建築の撮影時は、ディテールなどを含めると膨大な撮影枚数になることもしばしばある。予備のバッテリーなどを適宜、買い足しておこう。

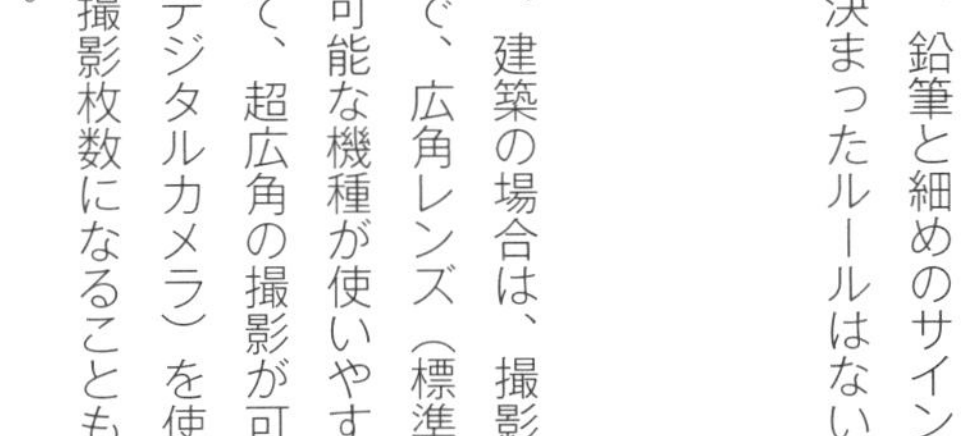

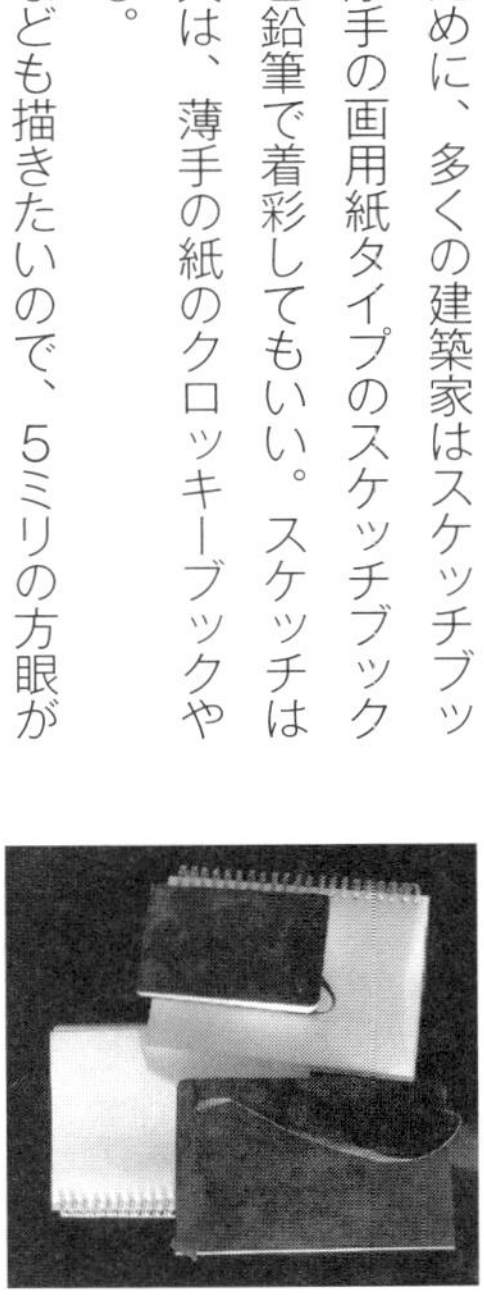

（上）泊まったホテルのスケッチ。
（右）旅行に持参したスケッチブックから。

3. 大まかなスケッチが描けたら、ディテールを加えながらお気に入りのペンで墨入れ。鉛筆のもち味が好きならば、このプロセスは不要。次に大づかみな寸法から測っていく。レーザー計測器を使えば楽勝だ。普通はメジャー（コンベックス）を使う。気になる寸法は徹底的に測り、ディテールスケッチを加えて、そこに書き込む。現場で描いた野帳感覚が、重要。

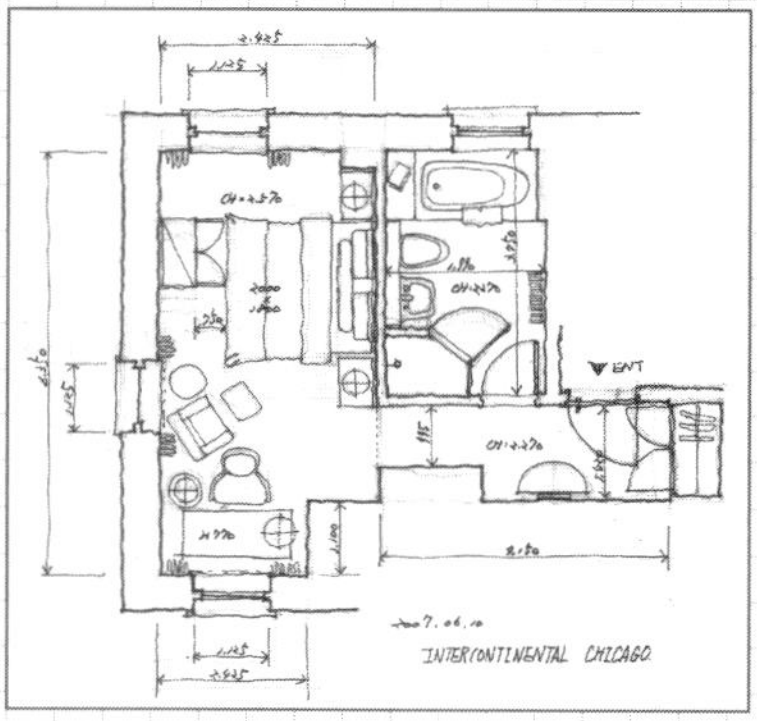

4. 最後は、色づけしてみよう。僕は鉛筆で明暗をつける程度。さっそく自分の部屋を実測してみよう。

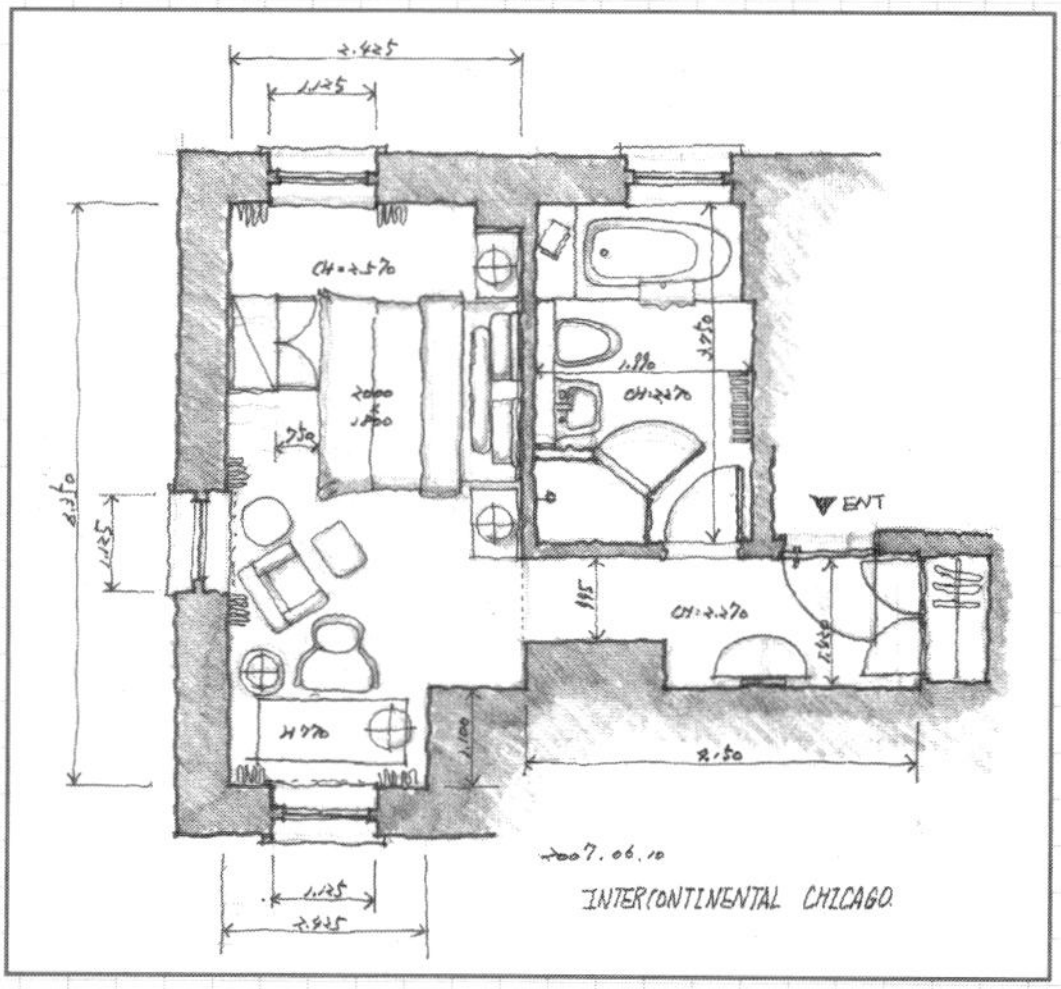

ホテル客室の実測の手順

僕が、浦一也さんから習った方法を紹介する。長年の間に、浦さんの方法を勝手に簡略化してしまったが、これならば誰にでもできるはずだ。

必要なもの

- 5mm 方眼が入ったクロッキーブック
（浦さんはホテルの無地の便箋を使う）
- メジャー
- レーザー計測器

1. 1/100 程度、慣れてきたら 1/50 のスケールを意識して、まずは鉛筆で平面のアウトラインをスケッチする。

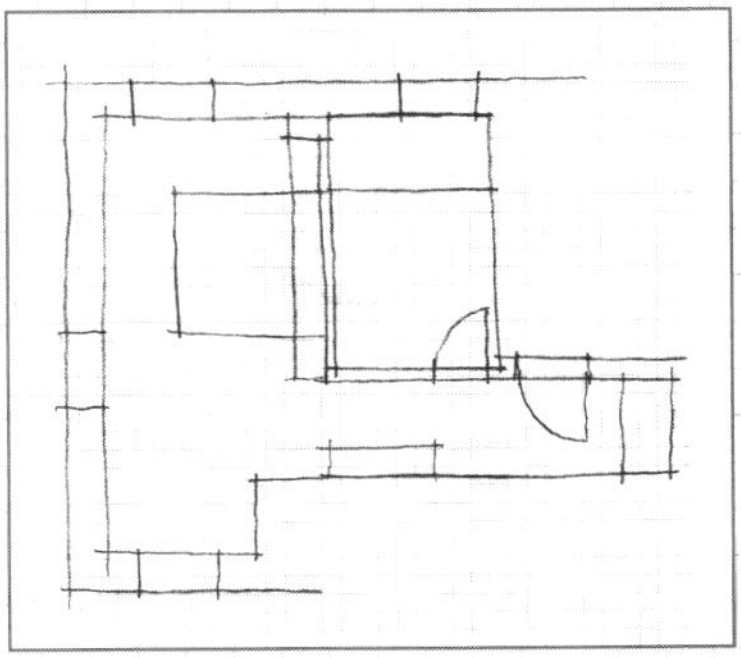

2. 実際に寸法を測らず、プロポーションを頼りに感覚で描くことで、空間のバランスが頭に入る。計りながら描いちゃいけない。

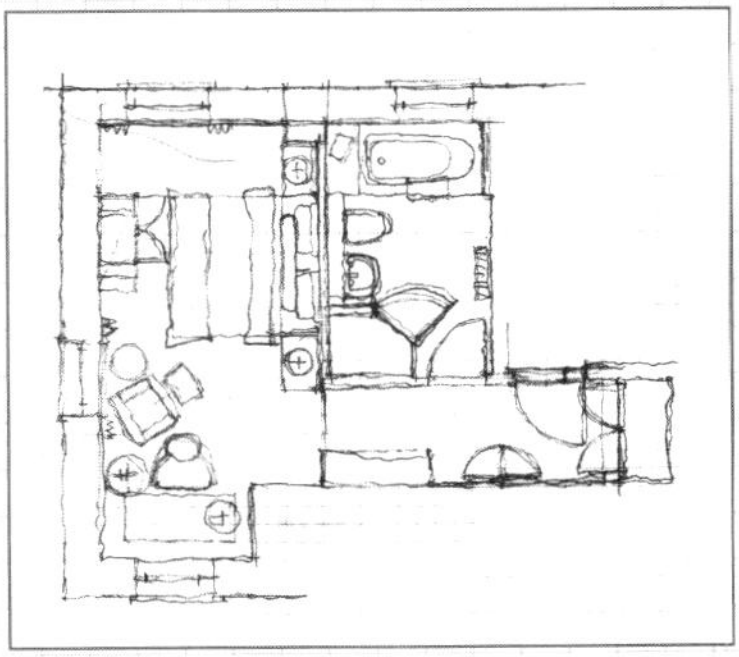

スケッチと実測が身につく参考書

スケッチと実測は、建築のプロを目指すうえで必ず身につけたい基本的な技術だ。スケッチが苦手ならば、まずは上手に描こうと思わず、数を描くことに専念してみよう。そして、数が描けるようになってきたら、達人のスケッチを参考に、そのテイストを取り入れて腕をあげていこう。参考書は下の通り。

スケッチで学ぶ名ディテール	遠藤勝勧　日経アーキテクチュア編 日経 BP 社
	メタボリズムを唱えた建築家・菊竹清訓を長年支えた遠藤氏の実測とスケッチは、建築デザインのプロのスケッチとして名高く、一見の価値ありだ。
手塚貴晴の手で描くパース	手塚貴晴　彰国社
	建築家で東京都市大学の教授でもある手塚さんは、作品を発表される際に、初期イメージを伝える魅力的な手書きパースを同時に発表される。この本は手塚さんのパースの魅力を集約的に伝えてくれる。
旅はゲストルーム	浦一也　光文社
	日建スペースデザインの社長である浦さんは、実は僕の師匠。一緒に仕事をしているときに、実測のノウハウを叩き込んでくださった人だ。浦さんの人柄があふれるスケッチも必見ものだ。
河童が覗いたヨーロッパ	妹尾河童　新潮社
	建築家ではないが、舞台美術家の妹尾さんの描くスケッチは、今和次郎の考現学を彷彿させる。スケッチに加えるコメントの重要性を教えてくれる本でもある。
考現学入門	今和次郎　藤森照信編　筑摩書房
	考現学の本家が書いた考現学の入門書。スケッチが、ありとあらゆる方法に使えることを教えてくれる。もちろん、本文も必読すべき一冊。
アーキテクト・スケッチ・ワークス (1) 〜 (3)	淵上正幸　グラフィック社
	有名建築家が描いたスケッチと実作の両方を一冊で見ることができる。有名建築家が描くスケッチは、散逸的には見ることができるが、まとめて見てみたいと思ったらこの本をのぞいてみよう。

Section 2-10

旅は最高の建築修行だ

建築家の旅にはたくさんのスケッチと写真を

多くの建築家が、旅を通して建築を学んできた。学ぶこと自体を目的とした旅もあれば、旅の中で建築に出会い目覚めるケースもある。旅で出会った建築が、建築家に衝撃を与えた事例は枚挙に遑《いとま》がない。

安藤忠雄さんやル・コルビュジェは、「建築家」と「旅」というキーワードから真っ先に思い浮かぶ名前だ。安藤さんはなぜ建築の道を選んだのかという問いに対して、次のように答えている。

「若いころから重ねた旅の過程での、さまざまな建築、都市との出会いが、建築家としての私の、血となり、肉となっている。それらひとつひとつの建築に誘われ、導かれるように建築の世界に引き込まれていった」（『「建築学」の教科書』彰国社より）

旅の内容は年齢とともに変わる。本当の貧乏旅行は、若いうちしかできない。今しかできない旅を体験しよう。

建築家の旅にはスケッチと写真を

1907年、20歳のコルビュジェは、イタリアに2ヵ月半の旅に出た。その後いくつかのヨーロッパの都市を巡った後、1911年、ドレスデンを発ち、東方への旅へと向かった。

友人であるオーギュスト・クリプシュタインとともに巡った旅の中で、コルビュジェは建築の記憶を6冊のスケッチブックと数百枚の写真へと刻み込んだ。当初出版の予定もあったようだが、戦争でお蔵入りとなり、晩年に出版されたものが『東方への旅』だ。建築を目指す若者が、異邦へ初めて旅立つ際には、お勧めの一冊だ。

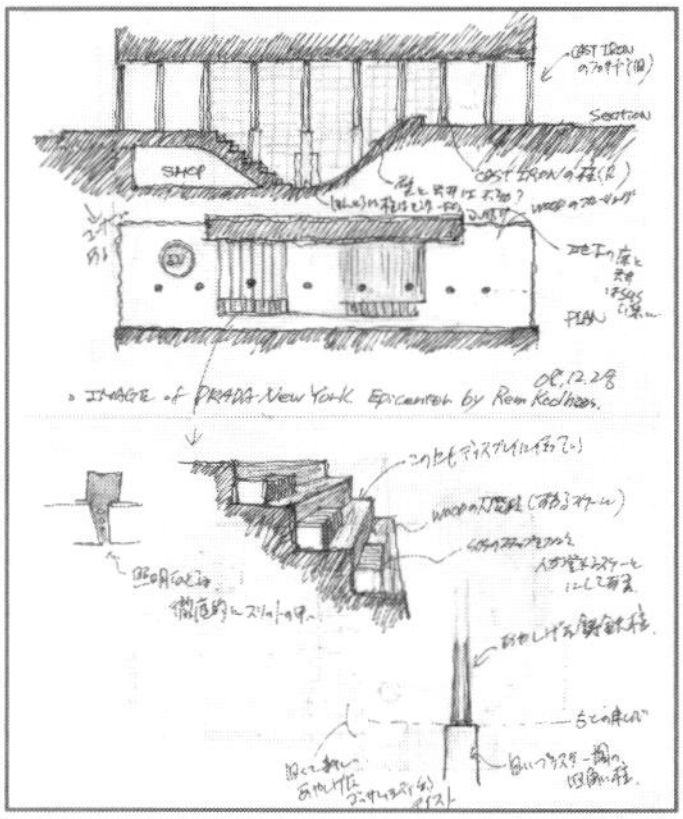

プラダ・ニューヨーク・ストア
（OMA、ニューヨーク）

グッケンハイム美術館
（フランク・ロイド・ライト、ニューヨーク）

建築家の旅にはスケッチと写真がつきものだ。

僕もへたくそなスケッチを描いたり、何百枚もの写真を撮ってしまう。どちらも上手・下手（上手であればそれに越したことはないのだが）よりも、描いたり撮影したりすることで、建築を読み取ったり、より深く記憶の襞《ひだ》に刻み込むことの意味のほうが大きい。

下手でもかまわずに、がっちり描いたり、撮影してみよう。

プロジェクトのアイデアスケッチ

旅のさなかに描くスケッチは、見かけた建築に限らない。今取り組んでいるプロジェクトのスケッチや、建築的なアイデアは、仕事場以上に旅の刺激とゆとりの中で発見することが多い。

僕も、旅や出張の途中にスケッチを描く。もちろんそのままプロジェクトチームのメンバーに見せることはなく、これらはあくまでも自分自身のアイデアを膨らませる自分だけのものだ。だから下手でもかまわない。人目なんか気にせず、ノリノリで描くことが大事だ。アメリカで描いたスケッチは、得意でもない英語でメモがしてあったりする。まさにノリノリだ。

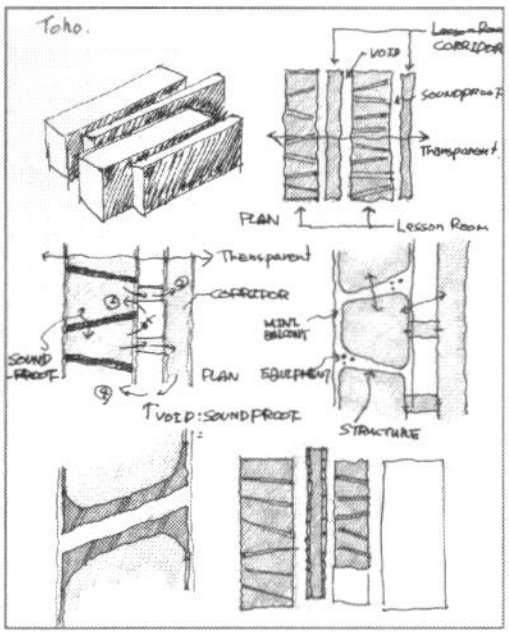

音楽大学の防音と構造システムのスタディ

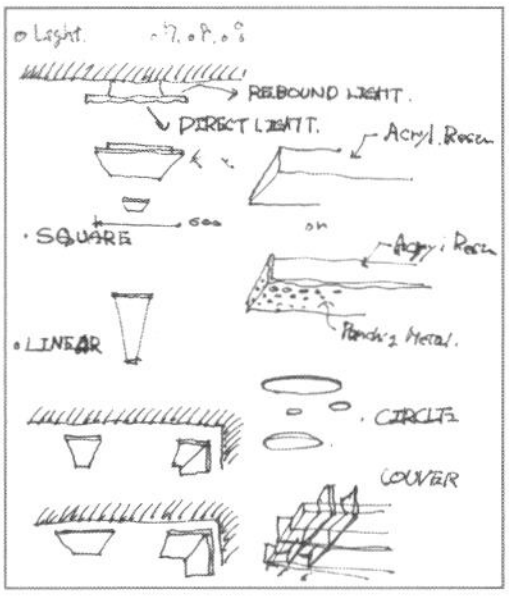

オフィスビルの
照明システムのスタディ

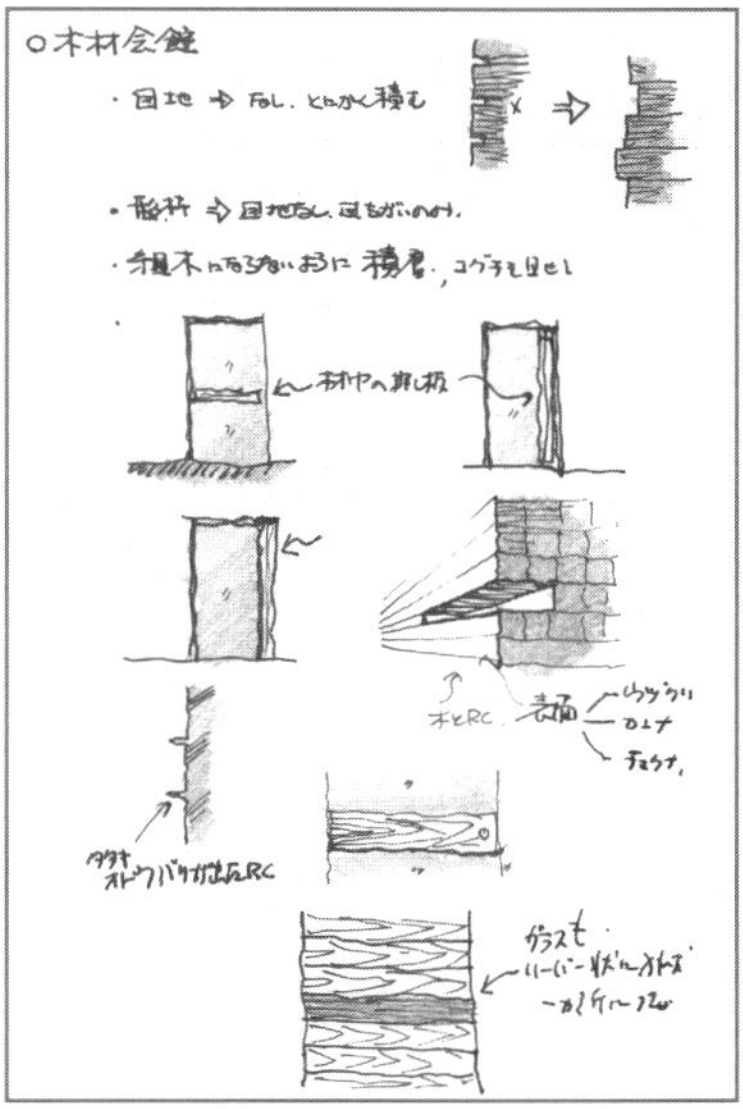

木材会館のインテリアディテールのスタディ

建築のガイドブック

『地球の歩き方』（地球の歩き方編集室　ダイヤモンド・ビッグ社）シリーズは、日本の海外旅行用ガイドブックの定番であり、旅に必要な情報が網羅されている。ただし、建築物の情報となるかといえば、心もとない。

専門的な建築ガイドブックは、それぞれの国の建築専門書店で探せばいいが、いつも問題になるのは、一般教養としての異邦の地にある歴史的な建築物などの情報をカバーしたガイドブックが、日本ではなかなか手に入らないという事実だ。

かつて僕が学生の頃には、ミシュランの旅行用ガイドブックが詳細な建築情報を網羅していて役に立ったのだが、今はフランス語版のみとなってしまった。

最近利用しているのは、『DK EYEWITNESS TRAVEL』のシリーズだ。英語版ではあるが、世界共通で使えるように表現は平易であるし、豊富な図版が楽しい。建築に関する記載も、日本のガイドブックの常識を超える密度で記載されている。毎年情報が更新されているのもありがたい。レストラン情報を地球の歩き方と比べてみるのも面白い（日本人があまり行かない店に行き着ける）。下記のウェブサイトに詳しい情報がある。

http://us.dk.com/static/cs/us/11/travel/intro.html

amazon の洋書コーナーでも買えるので、旅行前に手に入れ、飛行機での長旅のお供にするのもいい。

最新の情報収集には、もちろんインターネットを使おう。

Section 2-11

建築家の仕事場に転がり込む…その1

アルバイトをしてみよう

興味のある建築家が、実戦の場で、どのように創造的な行為を行なっているかは、ぜひとも自分の目で見ておきたいはずだ。

そんなとき有効なのが、アルバイトとして建築家の仕事場に転がり込む方法だ。多くの設計事務所が、学生をアルバイトとして雇う制度をもっている。バイト代は低額だし、任される仕事のほとんどは模型の作成だが、実務に触れることができる。

即戦力になる学生であれば、アルバイトのチャンスは確実に増える。多くの設計事務所がアルバイトに期待しているのは、手間のかかる模型の作成。すばやく見栄えのいい模型をつくれる学生は、ついつい手放せなくなるものだ。さらに最近では、3次元ソフトウエアを使って簡単なCGが描ける、イラストレーター（アドビ）等を使ってプレゼンテーション用のグラフィックが作成できる、などのスキルも重宝される。

普段の課題の中で磨いたスキルが、バイト獲得にも役に立つというわけだ。

設計事務所のアルバイト情報を探す

有名建築家の事務所で働きたいとしても、情報はきわめて限定的にしか手に入らない。アルバイト情報を入手するコツについては以下を参考にしてほしい。

研究室の助手から情報を得る	研究室で助手を務める世代は、ちょうど同級生が設計事務所で力をつけ始める世代と重なる。僕も事務所で学生アルバイトが足りなくなると、大学で助手を務める友人に電話した。研究室に出入りして、助手からアルバイト情報をもらおう。
大学院から情報を得る	大学院の1、2年の先輩は、設計事務所に入りたてで、先輩社員から学生アルバイトの調達を依頼されることが多い。おそらく最初に電話をしてあたるのが、同じ研究室に所属する後輩だ。院生であっても、学部生であっても、アルバイトで担当するのは模型が多い。臆せず、大学院生の先輩から情報を分けてもらおう。
先にアルバイトしている友達から紹介を受ける	周りを見れば、設計事務所でアルバイトしている知人や先輩がいるはずだ。人手が足りなくなったり、その人自身がアルバイトをやめる際などに、補充要員として紹介してもらうように交渉してみよう。効果があるはずだ。 とはいえ、有名事務所や有名アトリエでのアルバイト希望者は多く、意外にチャンスは少ない。対象を広げて幅広いアルバイト先を考えれば、チャンスもおのずと広がるだろう。
スキルを身につける	学生アルバイトとはいえ、雇う立場からいえば、能力の高い学生のほうが嬉しい。「模型が上手」であることをアピールできれば、アルバイトにありつける可能性は高い。最近では模型と同様に、Photoshop や Illustrator という作図ソフト、3次元 CAD や CG ソフトなどが使える学生は重宝がられる。模型やこれらのソフトウエアを扱えるスキルを身につければ、アルバイトの機会も多くなるし、何よりも自分の設計課題のプレゼンテーションのレベルアップにもなり、一石二鳥だ。

Section 2-12

建築家の仕事場に転がり込む…その2
オープンデスクやインターンシップという手もある

建築家の事務所に転がり込むには、アルバイトのほか、オープンデスクと呼ばれている窓口もある。これは、「建築家が事務所の門戸を開き、建築を学ぶ学生に、実務を体験してもらう」ことを目的としている。学生は一定の期間、設計事務所で模型作成などの仕事に携わることができる。

日本建築家協会が行なったアンケートでは、参加した学生のほぼ100％が「勉強になった」との感想を寄せている。有名無名を問わず、建築家のホームページを丁寧にサーチしていくと、オープンデスクを募集している事務所はたくさんある。(「2008年度オープンデスクに関するアンケート回答結果」より)

一方で、建築士法の改正により、2009年より大学院ではインターンシップと呼ばれる、建築士取得を前提とした実務実習制度が始まった。学生でいながら、設計事務所を体験できる機会が増えていくはずだ。

アルバイトとの最大の違いは、インターンシップやオープンデスクは教育の一環として位置づけられているため、原則無償であること。与えられる作業については、大きな違いがない場合が多く、どちらも設計事務所を内側から見る経験ができる。

僕の周りでも、アルバイト、インターンシップ、オープンデスクなどで学生時代から事務所に出入りし、入社試験を経て入ってくるスタッフが増えている。これは試験や面接という限定した時間の中で、適性や相性を見るよりも、一定期間その事務所で働き、お互いにじっくりと向き合ったうえで入社することが、両者にとって望ましいからに他ならない。

僕らにとっても、試験一発勝負ではなく、実力を十分に見定めることができるし、何よりも一緒に働ける仲間であるかを見極めることができる。学生さんにとっては、就職後に「こんなはずじゃなかった」というリスクを最小限に抑えることができる。

一方で、実力がない学生は、どんなにとりつくろっても見抜かれてしまうし、設計事務所側も働くに値しない場所だと判断されれば、学生が逃げてしまう。相互にとって、シビアな環境でもある。

Section 2-13

建築について調べる
必ずオリジナル情報までさかのぼってみよう

インターネット上の百科事典であるWikipediaは、学術論文の記述に際しても参照される時代になった。建築について調べる場合にも、ネットを使わない手はない。

ここで重要なことは、インターネットを「情報のインデックス（索引）」として使うことだ。情報を得たら、オリジナルの情報までアクセスしてみよう。ある建築書が引用されていたら、その元となった本を手にとってみよう。ある建築が名作とされていたら、実際にそこをたずねてみよう。検索でたまたま引っかかった、誰かのブログやつぶやきの内容をそのまま信じるのは避けたい。そのうち、ネット上といえども、信頼できる情報を提供してくれるアルファブロガーがいることがわかり、本物の情報を見分ける嗅覚も身についてくるはずだ。

建築について調べるうえで、基本となるツールは、検索エンジン、図書館、ネット上の書店、ツイッター検索の4つがあげられるだろう。

検索エンジン（サーチエンジン）は、インターネット上から手軽に使える点が便利

Wikipedia
ウィキメディア財団が主催している、インターネット上の百科事典。世界中の人々がボランティアで執筆、修正を行ない、利用も無料。2001年に開始されたプロジェクトである。当初は誰もが書き込める百科事典ということで信憑性などについて多くの疑義が投げかけられた。ところが現在では、インターネット上の相互監視機能が働いてか、もっとも早く、信憑性が高く、そしてもっとも利用されている百科事典となった。

だ。基本的には、検索欄に「建築　本　東京」などと、複数の検索ワードをスペースで区切って打ち込むが、目的以外の情報が多数ヒットして困ってしまうことが多い。複合検索により、適切に絞り込んでいくテクニックは必須だ。と同時に、たとえば書籍の検索であれば書店の検索エンジンを使うなど、目的に合わせた情報源へのアクセスを行なうことで、必要な情報に到達できる時間が大幅に短縮できる。

体系化された知、専門雑誌にのみ限定的に掲載されるようなマニアックな情報にあたる際に重要な情報源となるのは図書館だ。最近では、膨大な書籍の検索、貸し出し予約などが自宅のパソコンからできるようになったことで、これまでとは違った利便性も出てきた。何にもまして、図書館をうろつくことで予想外の本と出会う喜びは、ネット上では決して体験できないものだ。

一方で、amazonをはじめとしたネット上の書店では、一般の書店では店頭に並べることが難しい専門書も備えられていることがある。建築書籍専門の南洋堂のウェブサイトでは、建築史家であり、建築評論家でもある五十嵐太郎氏による独自のキーワード分類がなされていて、プロの建築家にも非常に便利だ。(http://www.nanyodo.co.jp)

最近では、ツイッター上にも多くの建築情報が溢れている。気になる人物を常にフォローするのみではなく、たとえばTwitter検索(http://twittell.net/search.php)を使えば、膨大なつぶやきの中から、必要な情報が瞬時に探し出せる。

アルファブロガー
世論を動かすような強い影響力をもったブロガー(ブログ主催者)の呼称。海外ではA-list bloggerという。今やアルファブロガーのコメントが書籍や商品の売上げを大きく左右するといわれている。

Section 2-14

コアスキルを身につける

ジェネラリストであるとともに、得意技も身につけよう

コアスキルとは、自分の得意技のことだ。建築家の仕事は、広範囲な知識を要するジェネラリストとしての側面の強い職業ではあるが、他の人にはない得意技をもっていれば、個性や差別化にもつながる。

模型でもよし、特定の建築家の作品について熟知してみるもよし、歴史に精通するのもいいだろう。他の人には負けないコアスキルが身につけば、そこを切り口とした建築デザインにはおのずと個性がにじみ出てくる。コアスキルを核として、ジェネラリストとしての知識を蓄積していくこともできる。

僕自身、「コアスキルは何？」とたずねられたら「ビジュアライズ（可視化）」と答えるだろう。建築をデザインし、実現していくためには、自分が考えていることを、人に見える形に表現して理解してもらうことが重要だ。建築家という仕事を続ける中で、悪戦苦闘の末、身につけてきたのがこのビジュアライズというコアスキルだ。

例として、僕のコアスキルについて次ページで紹介しよう。

ジェネラリスト／スペシャリスト
ジェネラリストは、仕事のうえで広い範囲にまたがる知識をもち、広い範囲の仕事を取りまとめる役割をになう人を指す言葉。これに対してスペシャリストは、特定の範囲において高い知識をもち、専門性の高い仕事をになう人を指す言葉だ。

3つのビジュアライズ

僕は、自分のコアスキルであるビジュアライズを、大きく次の3つに分けて捉えている。

❶ 前倒しのビジュアライズ

やがて見えるものを「前倒し」にビジュアライズして見せるスキルだ。パースやCGがその代表的な例。自分自身がデザインしたものを、自分自身でパースやCGで表現し始めたのが、このコアスキル形成のきっかけになった。

❷ 見えづらいもののビジュアライズ

通常の視点からは見えづらく、わかりにくいものを、わかりやすく見せるスキル。法的制限など、通常はデザインの手がかりにならないものもビジュアライズしてみると、有効な手がかりになる。

❸ 見えないもののビジュアライズ

本来は決して見ることができない、温熱環境や空気の流れを、コンピューターによってシミュレーションし、ビジュアライズすること。見えないものが見えるようになることの意味は、デザインのうえできわめて大きな影響をもつ。

❶「前倒しのビジュアライズ」の例

北見信用金庫の設計最初期に描いたCG（左）と、完成後の写真（右）。もっとも一般的な前倒しのビジュアライズの例だ。

→

❷「見えづらいもののビジュアライズ」の例

神保町シアタービルの設計では、道路斜線から受ける法的な形態制限という、見えづらいものをビジュアライズすることでデザインのモチーフにすることを試みた。

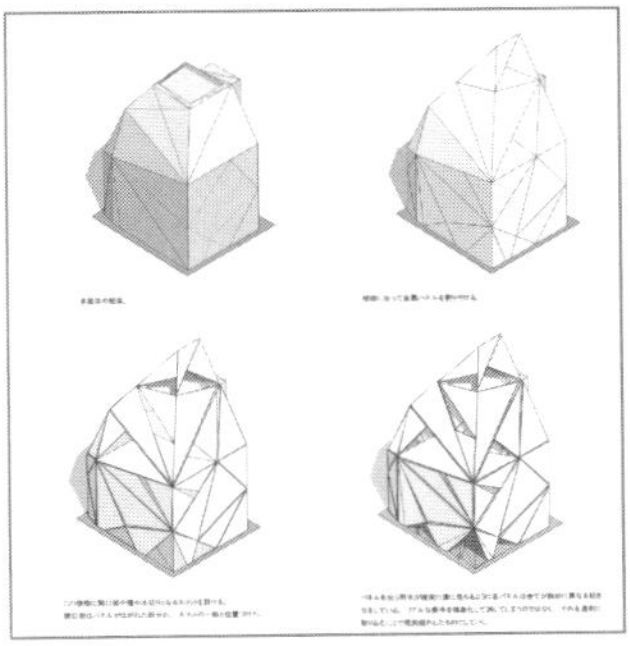

→

❸「見えないもののビジュアライズ」の例

この例は、研究開発型オフィスのファサードに巨大な素焼き陶器の「すだれ」＝「バイオスキン」を設け、その表面から雨水を蒸散させた際に、どの程度の熱が建物表面や、建物周囲から奪われるかをシミュレーションしたもの。

雨水が蒸発するだけで、すだれの表面は10℃程度、そしてその影響により地表面の気温は2℃程度下がることがわかった。

本来見えない温度変化をビジュアライズしたことにより、「雨水で都市を冷やし、ヒートアイランドを抑制しよう」という荒唐無稽にも思えたプロジェクトは、クライアントや行政に理解され、実現につながった。

すだれ状のファサード

すだれの表面温度が低下している状況

シミュレーションの結果。すだれの気化熱で、地表面の温度が低下していることがビジュアライズされている（色が濃いほど、低温になっている）。

第3章 設計課題・プロジェクトに挑む

乃村工藝社本社ビルプロジェクトの初期スタディ模型写真
山梨知彦＋芦田智之＋勝矢武之　日建設計

流すな、真剣勝負だ

学生生活は長いようで短い。入学から卒業までに課される設計課題の数は十数課題、多くても二十課題程度と、意外に少ない。このわずかな課題の中で、プロに向けての基礎をつくるのだから、全力で取り組まないわけにはいかない。

課題の最初では誰でもがんばれる。問題は、アイデア出し。まずここでつまずく。生みの苦しみを強引に乗り越えていかなければならない。そして、図面や模型の作成。このハードルを越えた次は、プレゼンテーションにも魂を注ごう。ここで終わりではない。返却後の課題にさらに手を入れ、ポートフォリオ化してしまおう。設計課題＝プロジェクトと考えれば、実務でも同じだ。新入社員でも、チャンスを与えられることがある。少ない機会を確実にものにする貪欲さは、設計課題のときと同じく重要だ。すべての課題とチャンスは流すな。ひとつひとつが真剣勝負だ。

ポートフォリオ
もともとは、画集や作品集を指す言葉であったが、最近では、そこから派生したさまざまな意味で使われている言葉だ。建築デザインの世界では、もともとの意味、つまり建築の作品集を指す言葉として使われている。
建築デザインのプロとして就職をするためには、自らの作品を集めたポートフォリオの作成は必須だ。

桐朋オーケストラ・アカデミー（富山県）

Section 3-1

プロジェクトを読み解く

課題に重ねられた意図を読み取り、提案の骨子を考える

建築の設計はクライアントからの求めによって始まる。したがって、設計を実践的に学ぶ設計演習では、指導教官がいわばクライアントの立場となり、課題＝プロジェクトが提示される。設計演習の最初の一歩は、このプロジェクトの読み解きから始まる。

設計演習の場合、もちろん教育の場であるから、クライアントの立場以外にも、教育としての方針など、いくつかの意図が重ねられている。出題された意図に素直に答えろ、というつもりはない。課題の意図に批判的な立場からの提案は、実務の世界でも重要だ。多くの世界的コンペは、むしろ課題に対して批判的な視点をもったものが注目を集めるケースが多い。

それではどのようにして、プロジェクトの意図を読み解いていけばいいのだろうか？

僕は次の４つの切り口から考える場合が多い。

①ベンチマーク：出題者の意図を素直に読み解く

最初は、出題者が期待しているもっとも素直な解答を思い浮かべる。いきなり名案なんて浮かばない。ごく当たり前の解答を目の前に置き、それを「基準＝ベンチマーク」とする。さらに次に示す3つの方法で、意図に対する他の読み取り方がないか探ってみる。

②隠れた意図：明文化されていない意図を読み取る

設計演習には、必ず教育的意図が重ね合わされているはずだ。教育者として、学生に「何を習得してほしい」と考えているか、その隠れた意図を読み取ることも重要だ。実プロジェクトにおいても、言葉で表された設計与件以外に、言葉にならない意図が必ず存在する。明文化された与件がすべてと考えず、隠れた意図を読み取る訓練をしよう。

③ロールプレイ：いくつかの立場から課題を読み解く

実際の建築に関わるのは、クライアントと設計者のみではない。その施設を訪れる人もいれば、そこで働く人もいる。また近隣の人が、その建物から何らかの影響を受ける場合もあるだろう。いくつかの人格になりきる＝ロールプレイングにより、課題やクライアントからの設計与件を読み解いてみよう。出題者やクライアントが想定している意図以上の、広がりある読み取りができるかもしれない。

④モデリング：著名な建築家になりきって読み解く

自分自身が注目している、尊敬してやまない建築家になりきる＝モデリングによって、課題や設計与件を読み込んでみよう。「彼であれば、どのようにこの課題を読み解くのだろうか？」という視点がもてれば、自分だけではできなかった、意図を読み取るための新たな発見を提供してくれるときがある。

正攻法に答えるにしても、批判的に答えるにしても、プロジェクトに重ねられた意図を正確に読み取ることから始まる。恥じるべきは、プロジェクトに対してピントはずれな、独りよがりな提案を行なうことなのだ。

木材会館・1階エントランスホールの、角材を使ったベンチ状のオブジェ。

敷地を読み解く
敷地が発するアウラを感じ、インスピレーションを掻き立てる

課題の意図を読み取ったら、敷地へと出かけよう。敷地を調査して、地図からは読み取りにくい高低差などの物理的条件、人やクルマの流れを読み取る。敷地の外にも目を向け、近隣の建物や環境もしっかりと読み取り、持参した敷地図に書き込もう。インターネットの時代だ。71ページで紹介したGoogle Mapのストリートビューや、Google Earthでも敷地の情報はある程度読み取れる。また航空写真の情報は、現地に行ってもわからない敷地の情報を提供してくれる。これらを利用しない手はない。

その一方で、敷地に出かけた際には分析的な読み取りをやめて、しばらくその場にとどまることも重要だ。敷地が発するアウラを直感で受け取り、インスピレーションを掻き立てよう。敷地から受ける直感は、理性的な読み取り以上に、デザインの手がかりに直結するものであるからだ。

サーリネンの言葉

一作ごとに目まぐるしく作風を変えたエーロ・サーリネンは、設計において「クライアント」、「時代」そして「敷地」が固有にもつアイデンティティとは何かを問うことが重要であると述べている。またサーリネンに通じる概念として思い浮かぶのは、VANの創始者として知られる石津謙介の言葉だ。彼はファッションの極意を「時間(Time)」、「場所(Place)」、「機会(Occasion)」に則することにあると述べている。

敷地を読み解く切り口

- まずは、敷地図を用意する。
- 事前に、地図、Google Map、Google Earthなどで、敷地周辺の状況を読み取り、敷地調査の準備をする。
- 実プロジェクトであれば、役所に出向き、都市計画図を確認して、敷地の地域地区、都市計画、地区計画、条例などの、敷地の個別の法的条件を調べる。
- 事前、もしくは現地で確認をしていく事項には、次のようなものがある。

①敷地の高低差や形状を肌で感じる

②敷地各辺と隣地や道路とのつながりの状況を確認する

③駅やバス停留所、道路など主要な交通機関の位置を確認する

④それらから敷地へのルートを確認し、実際に歩いてみる

⑤敷地に近接する施設と、そこでのアクティビティを確認する

⑥敷地に接道する道路の状況や道路幅を確認し、敷地図に落とし込む

⑦電柱、上水、下水などのインフラの位置を確認し、敷地図に落とし込む

⑧敷地から何が見えるかを確認し、場合によっては航空写真で、遠方に見える風景なども確認しておく

⑨樹木など敷地の中で保存し、使える資源があるか否か。あればその位置を確認する

⑩隣地にも同様に、意識すべき空き地、植栽などの空間資源があるか否か

⑪人の流れ、交通量など、敷地周辺のアクティビティ

⑫風の動き、日差しなどの自然環境

⑬もし敷地近くに類似施設があれば、ぜひ見学をする

- 読み取った事柄を敷地図に落とし込む。
- 読み取った事柄から、必要な内容が表現できる範囲で、周辺模型を作成する。

※W・ベンヤミンは、芸術を前にして人が経験する畏怖や崇拝の感覚を「アウラ」（英語ではオーラ）と呼んだ。建築ではさらに深い意味をもつ言葉として扱うことが多い。

Section 3-3

関連法規を調べる

実務にとっては、法規は絶対である

学校の課題の場合には、意図的に法規的な制約を緩める場合がある。法規的な課題の解決はハードワークであり、設計演習の限られた時間の中で、法律に適合させることが困難なためであるからだろうし、法規にとらわれない自由な発想を促すことが教育上も必要とされるからだろう。

しかし、実務として建築を行なう場合には、当然ながら法律への適合は絶対的な条件となる。課題をきっかけに、建築デザインに関連する法規に触れておこう。すでに実務の世界に出てプロの建築家を目指している立場であれば、法規の体系を徹底して頭に入れる必要がある。

とはいえ、法規の守備範囲は広大で、すべてを把握することは困難だ。プロジェクトの種別ごと、敷地ごとに関連する法規も異なる。まずは目の前にあるプロジェクトに必要十分な法規に的を絞り、徹底的に調べ上げよう。基本資料は「オレンジ本」、「赤本」、「青本」、「申請メモ」、そして役所での調査になる。

オレンジ本、赤本、青本、申請メモについて

詳しくは53ページを参照。

いずれも建築関係法規を網羅的に取りまとめたもので、建築界の小六法全書といえるもの。それぞれに組み込まれた法規に特徴があるので、仕事の種類や、地域によって最適なものが異なる。最初はメンターのアドバイスを受けたものを入手するのがいいだろう。

建築デザインに関連する主な法規

• 建築基準法

建築基準法は、建築計画に関わる根幹の法律である。ただし、時代の変化や、地域による違いを吸収するため、補完的な役割をになったものが下記に用意されている。

建築基準法施行令

建築基準法施行規則

建築基準法関連告示

建築条例（建築基準条例）

建築基準法は、
　用語や罰則などの規定が記された**総括的規定**
　形状や構造などの規定が記された**実態的規定**
の部分に区分して捉えることができる。
さらに実態的規定は、
　個別建築に対する最小限の規定である**単体規定**
　都市計画法の規定と連携して機能する**集団規定**
に区分して捉えることができる。

• 都市計画法

建築デザインの視点からいえば、建築基準法の上位に位置して、都市計画区域内の土地をどのように利用すべきかについて規定しているものといえる。具体的には8条に「地域地区」として20種が規定されている。

• 建築条例

建築基準法40条に基づき、地方公共団体が地域の特殊性を加味して、建築基準法の一部を規制を緩和もしくは補足するもの。代表的なものに「東京都建築安全条例」がある。

• 消防法

火災を予防することを目的とした消防法は、建築をデザインするうえでも関係性が深い法律である。建築基準法とは別の視点から、建築各部の性能について、具体的な指導が記載されている。建築基準法と同様に、下位に消防法施行令、消防法施行規則が設けられている。

Section 3-4

類似施設は格好の教材

新旧の類似施設を調べ、学び取ろう

課題やプロジェクトのテーマを学ぶうえで非常に役に立つのが、類似施設を見学し、調べ、学ぶことである。

「建築は統合の芸術である」といわれる。課題の中で要求されている機能や要素を細かく分けて調べ上げることも大事だが、それらが統合され、建築物として仕上がった状態を見ることは、最高の勉強になる。

いい建築には、部分の統合を超えた何かがあるからだ。参考図書、雑誌、資料集成などで類似施設を調べ、ぜひ見学しよう。

建築の種別ごとに「○×建築」などのタイトルをもった設計の参考書が多数書店に並んでいる。もっとも参考にしてほしいのは、建築雑誌に掲載された莫大な数の事例だ。設計者自身の解説や図面も豊富に掲載されており、建築を学ぶうえでの最良の資料になる。

類似施設を調べる方法

実際に見学に行く前に、以下を使って下調べをしよう。

❶ 建築設計資料集成

日本建築学会編、出版元は丸善。建築設計時の資料となるように、名建築を機能や建物種別により分類し、関連資料とともに整理された本。全体を取りまとめた「総合編」と、詳細を取りまとめた「拡張編」13 冊からなる。他に、エッセンスをまとめた『コンパクト建築設計資料集成』もある。類似施設がまとまって掲載されているため、初学者には便利な資料だ。

❷ 建築雑誌 index

建築図書専門書店である南洋堂がインターネット上で提供している建築雑誌検索システム。本来は有償版であるが、無料デモ版も公開されている。建物種別からそれらが掲載されている建築専門誌を検索することが可能だ。またインターネット上で利用できる建築雑誌の検索システムとしては、比較的古い雑誌（1968 年以降）に対応していることも特徴だ。
http://www.nonyodo.co.jp/kzin/kzi_top.html

❸ 建築作品データベース

株式会社 KTR（きてら）が提供する建築作品データベース。
データ項目に作品名や用途が入っているため、類似施設が掲載されている建築雑誌を検索するためにも使える。
http://db1.kitera.ne.jp/

❹ CiNii NII 論文情報ナビゲータ

国立情報学研究所（NII）が運営する学術文献のデータベース。
建築のみならず学術雑誌や学会誌などに掲載された論文情報が検索できる。
http://ci.nii.ac.jp/

図面　勉強法①　<手を動かして読み取る>

雑誌から手に入れた類似施設の図面を漠然と見ていても、頭にはなかなか入ってこない。実際に手を動かして、図面を読み取ってみよう。

❶ 色を塗る

色鉛筆で図面に色を塗ってみよう。

色の塗り分け方法はいろいろある。室ごとに機能で塗り分けるのが一般的だが、廊下だけを塗ってみたり、屋内空間だけを塗ってみたり。知りたいと思った空間、追究したい区間だけを追いかけて色塗りをするだけでも、空間は読めてくる。

❷ 動線を描き込む

動線というのは人の動きだ。利用者の動線、管理者の動線など、その建物に関わる人が使う動線を色分けして描き込んでみると、アクティビティが読み取れる。

❸ フリーハンドでスケッチする

正面図や断面図を、スケッチブックにフリーハンドでスケッチすると、さらに建築の理解が深まる。大事なことは、プロポーションや寸法を、スケールや定規を使わないで推測しながらスケッチすることだ。

❹ ダイアグラム化する

さらに進んで、平面や断面を読み込み、その建物のダイアグラムを描いてみよう。建築家が考えた建物の骨格を読み取ることができるし、プランニングの勉強にもなる。

図面　勉強法②　<切り張りしてみる>

類似施設の図面には、設計演習の課題を解くためのヒントが溢れている。特に、課題がどのような部屋を必要としているか＝「必要諸室」を知り、それら必要諸室がどのように関連づけられているかを学べる。具体的には、どのような空間（アトリウムや廊下など）でそれら必要諸室が関連づけられているか、見ることができる。

❶ 平面図を部屋ごとに切り離してみる

類似施設の図面にハサミを入れ、部屋ごとに図面を切り分けてみよう。並べ替えが簡単にできる部屋リストができ上がる。

↓

❷ 必要諸室に絞り込む

次は、その切り離した部屋をぐっと睨んで、課題で特に必要と思われる部屋だけに絞り込んでみよう。類似施設にはないけれども、どうしても必要と思われる部屋があれば、紙に書いて加えてもいい。こうすれば、必要諸室のリストが完成する。
これを大きさ順に並べ替えることで、課題を構成する主要な部屋が何であるかがわかったりもする。

↓

❸ 必要諸室を並べ替える

次は、必要諸室を並べ替え、関連づけてみよう。非常にラフであるが、平面計画の簡単な検討ができる。どのように配置し関連づけるかを、紙でつくった諸室を動かしながら検討するこの手法は、プロが未知のタイプの建築を検討する場合にも使っている。

Section 3-5

プログラミングって何だろう
その計画に潜んだ諸問題をあぶり出し、解決していく

建築の世界にも「プログラミング」という作業が存在する。非常に広い意味で使われる言葉でもある。

ここでは一般的な定義に倣い、建築計画の前提となっている「要求条件」や「課題」自体を見直し、問題点を探し出し（プロブレム・シーキングという）、整理して、あいまいな点を排除していくことで、解くべき問題点や課題を明確にする作業（プロブレム・ソルビング）と位置づける。

プロの建築家が活躍する実務の世界では、クライアントから示される要求条件はあいまいであることが多い。また、クライアントから示されたからといって、それが正しいとも限らない。プログラミングにより、明確な問題設定を行ない、ぶれないデザインを進めていく考え方は、設計演習で頭を整理するためにも有効だろう。

『建築プログラミング―その手法と実践へのトレーニング』（彰国社）
エディス・チェリー著
建築プログラミングの理論と実践が紹介されている。

建築プログラミングって何？

建築デザインの領域では「プログラミング」という言葉をいたるところで聞くことができるのだが、その言葉の意味するところは一定ではなく、かなり多義的に使われている。

ここでは、欧米で建築におけるプログラミングの教科書ともいえる存在の『建築プログラミング―その手法と実践へのトレーニング』に立ち返り、建築プログラミングとは何であるかを見てみたい。

同書によれば、建築プログラミングは次のように定義されている。

「建築プログラミングとは、設計によって決定されるべき課題の定義に至るまでの、調査と意思決定のプロセスである」

「建築プログラミングは、プロジェクトの業務範囲とプロジェクトを適切な解決に導くクライテリア（規範）について、その明確な定義を設計者に提供するものである」

わかりにくい表現だ。取りまとめることは難しいが、やや強引にまとめてみると、建築プログラミングとは、

- 設計に先立って
- プロジェクトの本質を調査などによって把握することにより
- 「課題」や「規範」を見出し
- 設計が間違った方向へと進まないように整理をする作業

と考えていいだろう。

4 戦略の設定

戦略の質が、プロジェクトの質をも決定する。

- 目標に向う戦略を立案する
- 戦略を図式化して、課題・目的と目標との関係が合理的であるかを確認する
- 戦略を元に、設計コンセプトを立案する
- 戦略による施設配置の集中もしくは分散が、プロジェクトの制約等に即しているかをチェックする
- 戦略が、期待されている寸法上のフレキシビリティ、使い勝手のフレキシビリティをもったものとなっているかをチェックする
- 戦略の質が、プロジェクトにふさわしいものとなっているかをチェックする

↓

5 量的要求の設定

建築には、ボリュームの把握も重要だ。

- 諸条件を勘案して、プロジェクトの規模を設定する
- 有効面積率など、空間の効率についても設定を行なう
- プロジェクトを進めるスケジュールについて設定する
- プロジェクトを進めるコストについて設定する
- 経済的（事業的）にプロジェクトが成立しえるかを検討する（フィジビリティスタディ）

↓

6 プログラムの統合

統合こそが、建築である。

- ここまでの、調査、問題設定、分析、戦略設定、量的設定を、明快に整理する
- 解決すべき主要な課題は何で、それを具体的にどう解決するかに至るコンセプトが、明確になっているかをチェック
- これらを文章化、図式化する

建築プログラミングの標準的な形式

建築プログラミングは設計に先立つ設計条件の整理だから、設計者の数だけプログラミングの方法も存在する。ここでは、前述の「建築プログラミング」を参考に、建築プログラミングの標準的な形式（フォーマット）を紹介する。

1 背景の調査

プロジェクトの背景を正確につかむことが最初のステップだ。

- プロジェクトのタイプを把握する
- 類似施設を調査・見学する
- 文献、雑誌、資料の調査を行なう
- 敷地やコンテクストの調査

2 目標の確立（問題設定）

問題の設定によって、プロジェクトの成否が決まる。

- プロジェクトの課題や目的の明確化
- プロジェクトが目指す目標 (ゴール) を設定

3 情報の収集と分析

必要な情報は徹底して集め、分析する。

- 問題解決に必要十分なデータを集める
- プロジェクトの根源となる価値観の体系をつかむ
- ユーザーの視点からの情報も集める
- 役立つ情報へとデータを変換する
- 情報を元に予測を立てる
- プロジェクトで予想される、アクティビティ（利用者の行動）を、時間軸で把握し、予想する
- 調査結果を空間条件として設定する
- 敷地やそこに関する法規やインフラ・交通条件、機構、地形、コンテクスト、眺望などを分析する

Section 3-6

ゾーニングとスタッキング

諸機能を、平面的、断面的に配置して立体化していく

設計演習、類似施設の分析、そして前項で紹介したプログラミングにより、プロジェクトに配置すべき要素（機能や室）をリストアップしたら、次はそれらを、相互のつながりを考えつつ、立体的に構成していこう。

3次元空間のパズルをいっぺんに解いていくこともできるが、通常は平面図上でのスタディと、断面図上でのスタディに分けて、2次元に簡略化してパズルを解いていく。平面図上でのスタディを、「ゾーニング」と呼び、断面図上でのスタディを「スタッキング」と呼ぶ。

平面では、室レベルでの細かなスタディを行なうことが一般的であるが、断面では、フロアごとの大きな機能の配置のみをスタディするケースが多い。したがって、ゾーニングでは、比較的細かな室の配置を、スタッキングでは、フロアごとの大まかな機能の配置を検討することになる。

ゾーニング
平面図上でのスタディ。ブロッキングと呼ばれることもある。

スタッキング
断面図上でのスタディ。バーティカルゾーニングと呼ばれることもある。

ゾーニングとスタッキングの手順

計画論に王道はない。ここでは、機能を重視したダイアグラムから、ゾーニング、スタッキングを行なう手順を示そう。

❶ ダイアグラム
まずは、水平垂直を一度忘れて、機能や室をつながりと近接性を考慮して配置したダイアグラムを描いてみる。フリーハンドで風船状の絵を描くことが多いので、バブルダイアグラムと呼ばれたりする。

多層建築の場合

❷ スタッキング
多層建築であれば、描いたバブルダイアグラムの中の諸機能を、どのフロアに配置すべきかを考えてみよう。これがスタッキングになる。

平屋の場合

❸ ゾーニング
次はスタッキングをもとに、各フロアごとに、より詳細な機能や室のつながりを考えていく。これがゾーニングだ。平屋の建物ならば、スタッキングは飛ばしていきなりゾーニングになる。

このプロセスは一度ではうまくいかない。ダイアグラム⇒スタッキング⇒ゾーニングを何度か繰り返し、スタディすることで、適切な機能配置が見えてくる。

3. さらにファサードのスタディもこのモデル上で行なってみる。

4. これが実際に完成した乃村工藝社本社ビル。

3次元でゾーニング／スタッキング

コンピューター上で走る3次元CADを使えば、平面的な作業であるゾーニングと、垂直方向の作業であるスタッキングを一度に考えることもできる。これは乃村工藝社のスタディの事例だ。作業にはGoogle SketchUp（149ページ）を使っている。

1. 最初のステップは、要求諸室を、要求面積と天井高さをもった直方体のブロックでつくってみる。並べ替えれば、ダイアグラムをつくることもできる。

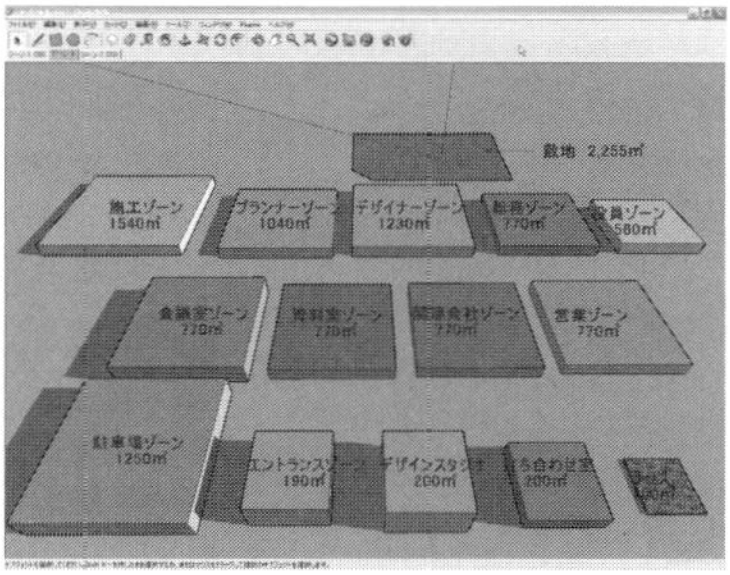

2. 要求諸室の近接性を考え、ゾーニングとスタッキンを同時に行なってみる。

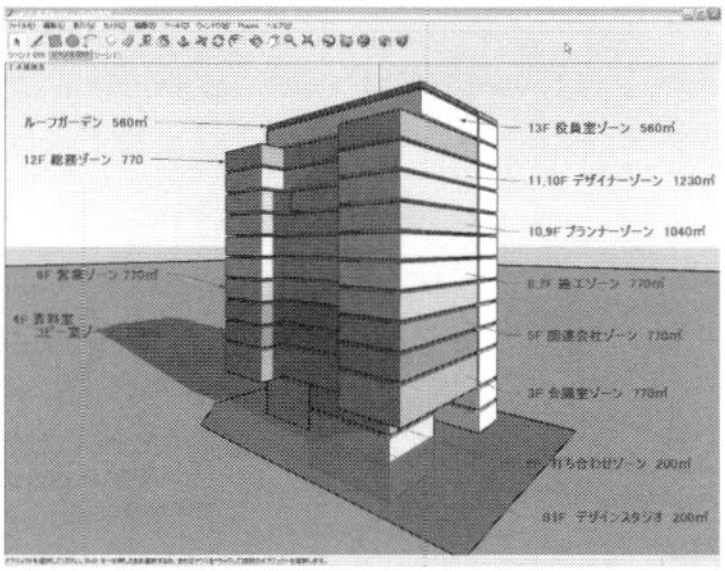

Section 3-7

ノリが命のブレインストーミング アイデアをひねり出す方法も勉強しておこう

プログラミングやスタッキング、ゾーニングの作業をやっても、アイデアが浮かばないときがある。「俺には才能がないのかな?」とあきらめる前に、まずはアイデアの出し方を勉強してみよう。

世の中は知識創造型の社会になったといわれている。ものをつくるよりもアイデアをつくることが、社会一般で広く求められる時代になった。書店へ行ってビジネス書の書架を見てみれば、アイデアをひねり出すためのノウハウを示した本が溢れていることに気がつく。その代表的な手法が「ブレインストーミング」だ。

建築家の世界では、こうしたノウハウを極端に嫌う傾向にあるが、他のデザイン業界では、重視しているところもある。優れた方法なら、取り入れたほうがいい。人気プロダクトデザイナーの深澤直人氏が勤めていたアメリカのIDEOというデザイン事務所は、ブレインストーミングを武器にしたアイデアの搾り出しで有名な企業だ。

次に、具体的なブレインストーミングの方法を紹介しよう。

IDEO
1991年に創立されたデザイン会社。手がけるデザインは、工業製品、家具、自動車、建築と非常に幅広い。アップル社の最初のマウスなど、革新的なデザインの場にいつも関わっているのがIDEOである。文化人類学などをベースとする独特なデザイン方法論により、企業の組織デザインまでを手がけるようになり、知的生産性が重視される現在のビジネスシーンの中で再三言及がなされる超有名企業となった。

用意するものは、ポストイット（大型のもの）、ペン、そしてポストイットを貼る壁（ホワイトボード）だ。

①ポストイットにアイデアを書く

まずはひねり出したアイデアを、ポストイットに簡潔に書き出して壁に貼る。最初のメモを頼りに、連想してどんどんメモを増やしていく。質よりも量を重視する。他人が出したアイデアを批判したり、否定したりせず、ノリを重視する。加えて、ユニークでぶっ飛んだアイデアを許容するムードが大事。ダジャレのノリで、壁をメモで埋め尽くそう。

②ポストイットをグルーピングする

アイデア出しに疲れたら、メモをグルーピングして、アイデアにまとまりや傾向を見出してみる。メモのまとまりにタイトルをつけてもいい。

③評価と取りまとめ

まとまったアイデアを評価して、使えそうなアイデアを取りまとめる。

ブレインストーミングは、ノリが命だ。ノリノリの気分でアイデアを出し、後に冷静に評価して「使えるアイデア」にまとめるのがコツだ。

「かんたんな図」でアイデアを生む

抽象的な概念を図で表し、思いつきを自分自身に対してわかりやすくすることで、アイデアへと高めていく方法もある。
例として、構造家のセシル・バルモンド著、『Informal』（TOTO出版）をすすめる。数十ページにわたって記されるセシルとコールハースとのやり取りに添えられた簡素なスケッチは、セシルが何をビジュアライズし、何を考えていたのかをテキスト以上に僕らに伝えてくれる。

FreeMindを使ったひとりブレスト

ブレインストーミングは仲間数人とワイワイやるものだ。でも時には、ひとりでアイデアを出さなきゃならないときもあるだろう。ここでは、ひとりでのブレインストーミングに便利な方法を紹介する。実際に、僕もデザインや原稿のアイデア出しには、この方法をしょっちゅう使っている。

ここ数年、「マインドマップ」という、樹形図を描きながら考えをまとめる方法の人気が高まっている。このマインドマップをコンピューターで手軽に描けるフリーウエアとして「FreeMind」がある。元祖のマインドマップと比べると、画面がスマートで、編集も簡単。言葉による抽象概念を主体としたブレインストーミングにはおすすめのツールだ。ダウンロードとインストールの方法は、次のホームページが詳しい。

http://www.freemind-club.com/

インストールしたら、まずはアイデアを書きなぐる。次にFreeMindの使い勝手を活かして、アイデアをグルーピング。簡単かつスマートに、いつでもどこでもひとりブレインストーミングが可能だ。

FreeMind（フリーマインド）

無料のマインドマップ作成ソフトウェア。マインドマップとは、知識やアイデアを図式化するひとつの技法だ。あるテーマを中心に置き、そこから放射状にツリーを派生させていくことでアイデアをまとめていける。

FreeMindを使ったブレストの事例

次ページの図は、オフィスの設計に先立ち、FreeMindを使ってひとりブレインストーミングをしたときのもの。作業は次のような手順だ。

①最初から樹形図を描くのではなく、まずは頭に浮かんだキーワードをFreeMindの中に書き連ねる

②次に、そのキーワードからさらに連想して、浮かぶキーワードを書き連ねる

③一通りキーワードが出尽くしたら、カテゴリー別に整理しつつ、樹形図状にまとめて整理をしていく

④樹形図のまとまりごとに、タイトルをつけてみる

⑤こうしてできた樹形図を見渡すと、アイデアが整理できた状態が見渡せる。アイデアの抜けがあるところなどを補強して、さらに取りまとめていく

ひとりでブレインストーミングをするには便利なツールだし、読書しながらその内容をメモする際にも使えるツールだ。

なぜワークプレイスに階段があるのだろうか？

- 吹き抜けから階段へ
  - レイヤー状に分断されたオフィスの限界を如何に解消するかというテーマ
  - 複数階をつらぬく、視覚的コミュニケーションと一体感を求めて、アトリウムが導入された
- オフィスビルの閉じられた階段
  - そもそもオフィスには２つの階段がある
  - 通常は閉じられていて、普段はほとんど使われない
  - 時にひとつは、外部に開放され「非常階段」と呼ばれる
- スロープじゃなくて階段
- 飯田橋ファーストビルの場合
  - コアの中の閉鎖された階段を、パブリック空間の中に開放してみた
  - 自然光が気持ちいい、存在が記憶される、コアが開放される、立ち話や上下の移動が始まる
  - ルネ青山、飯田橋ビル
- 乃村工藝の場合
  - ホギメディカル
  - 打ち合わせスペースと階段の組み合わせ
  - スキップボード
  - ワークプレイスとは、つかず離れず
  - 自然光が入る、気持ちのよいリビングルームのような空間
  - 噂話のメッカである給湯室とも組み合せる
  - フロアを超えたコミュニケーションを誘発する
  - 階ごとに異なるインテリア
  - 役員が社内をブラウジングする
  - 階高と鉄砲階段

例：「階段のあるワークプレイス」から始めるFreeMind

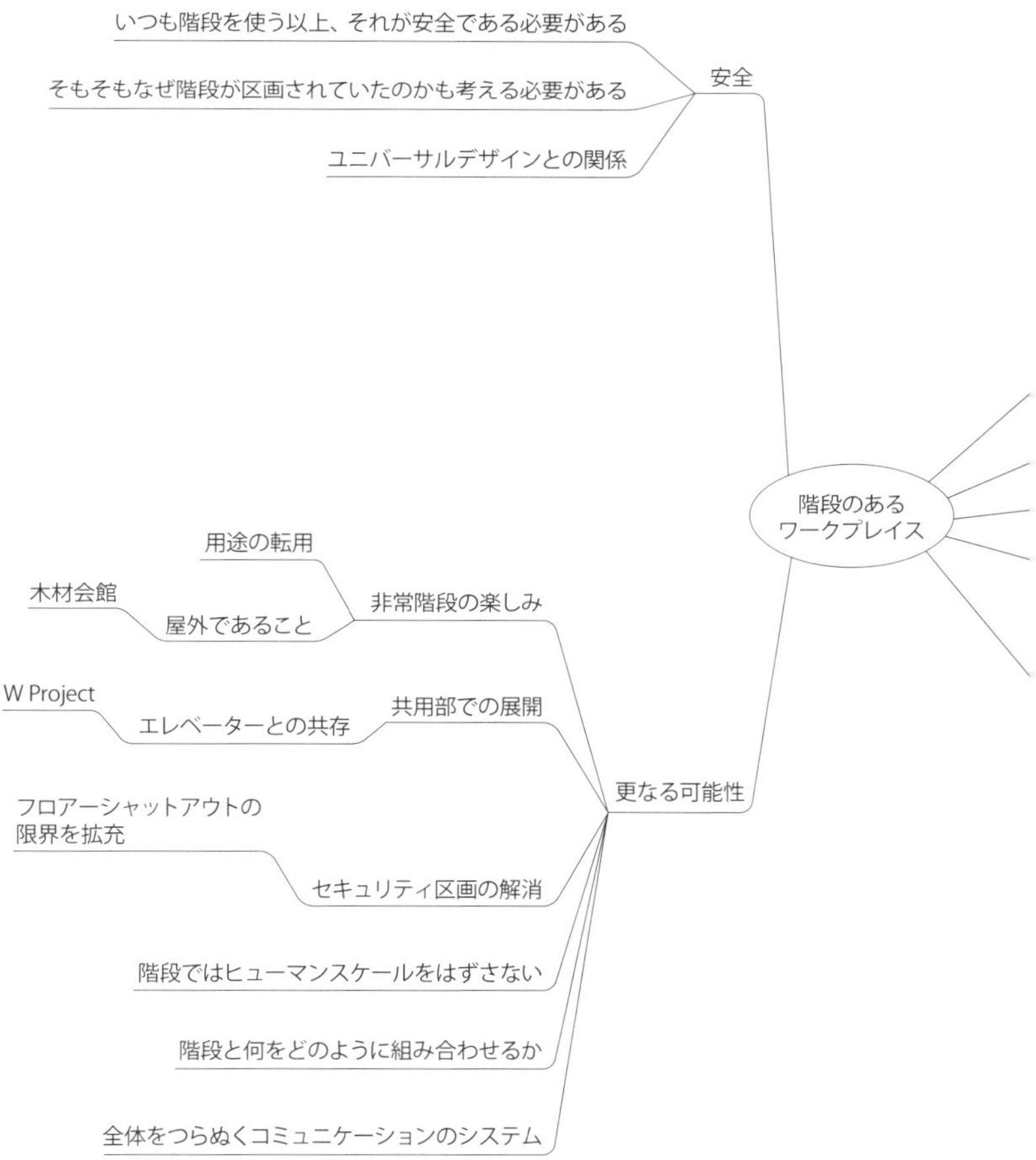

Section 3-8

セイムスケールで考える
自分が知っている建物を尺度にしてみよう

対象となる建築の「大きさ」を正しく理解することは、建築デザインを行なう際に重要となる。設計演習も数を重ねていくと、対象となる建築の規模が大きくなり、直感ではその大きさがつかみにくくなる。どうしたら、未知の建物の大きさを感じ取れるだろうか。

ここでは、僕らプロの建築家が使っている「セイムスケール」と呼ばれる方法を紹介する。やり方は簡単だ。自分がよく知っている建築、たとえば自分の部屋、自分の家、学校などの平面図や断面図を用意する。スケール感の基準とするためだ。

課題の敷地や、建築雑誌から集めてきた類似施設の図面や課題の図面も、「同じスケール＝セイムスケール」にして、1枚の紙の上に並べてみる。

こんな簡単なことでも、未知の建築のスケールはかなりリアルにつかめる。ぜひ試してほしい。

図面でつくるセイムスケール

建築の表現の主流は、平面図や断面図だ。下は、研究開発型オフィス（W Project）と神保町シアタービルの平面図のセイムスケール（1:1600）だ。僕らのチームが手がける仕事が非常にさまざまなスケールに散らばっていることが一目でわかる。

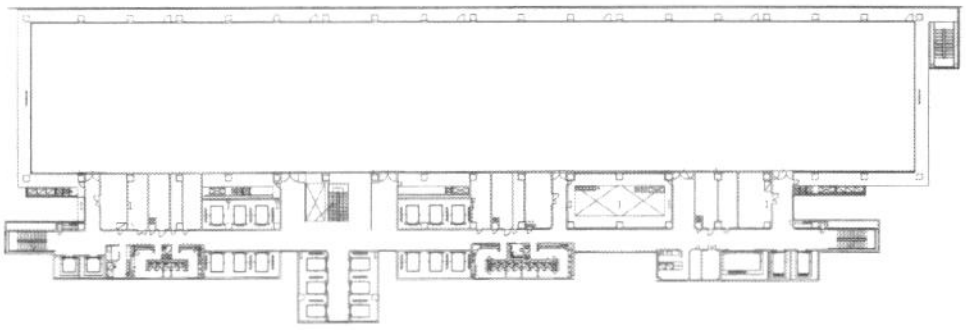

W Project

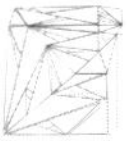

神保町シアタービル

立体でつくるセイムスケール

149ページで紹介しているGoogle SketchUpを使えば、有名建築の立体的なセイムスケールも簡単につくることができる。下の図は、3Dギャラリーから①バーズネスト（北京）、②アリアンツドーム（ドイツ）、③コロッセウム（ローマ）を集め、セイムスケールで並べてみたものだ。

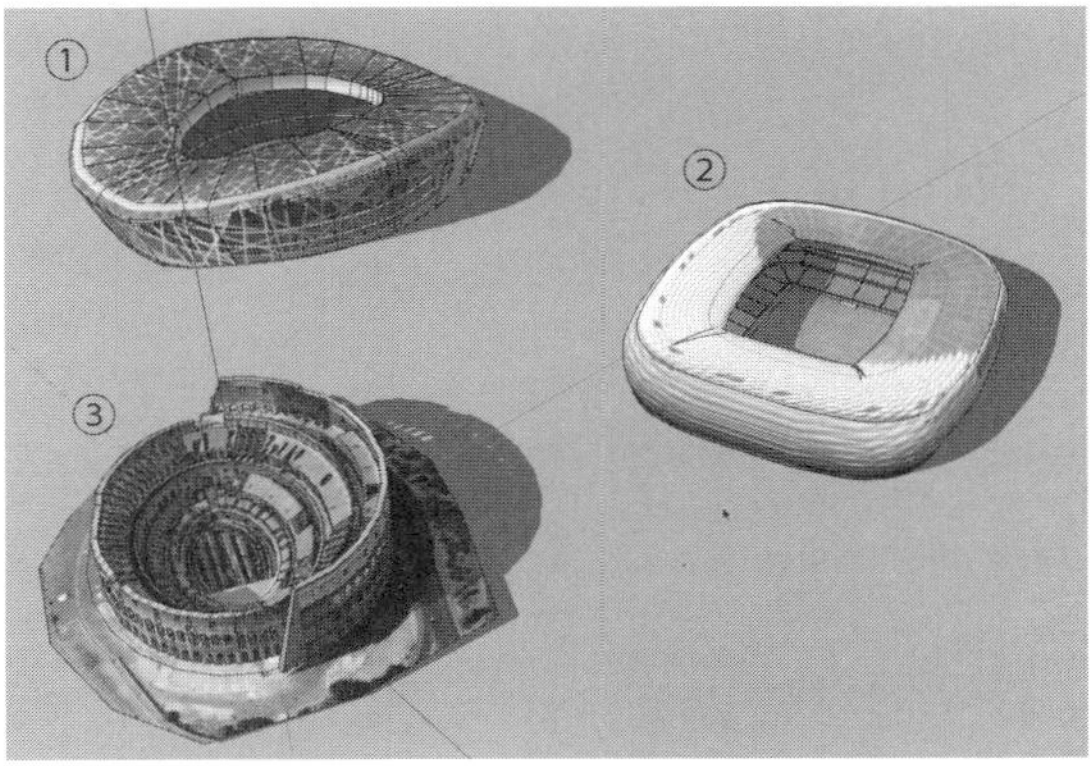

Section 3-9

コンセプトを立案する
提案全体を「どのように捉えているか」を明確にしておこう

「コンセプト」を直訳すれば「概念」となる。現代の建築デザインの中で「コンセプト」という言葉は最頻出単語のひとつである。

建築に限らず、形を紡ぎ出すには、その元となる考え方があるはずで、その考え方の総体が「概念＝コンセプト」であり、それなしには、意味ある形をつくり出すことはできないという考え方だ。ただし、その言葉の意味するところは広い。

建築雑誌に目を通してみると、作品解説という文章がある。ここで語られている多くのことはコンセプトである。ダイアグラムなどの図式で、建築の成り立ちが説明されている……これもコンセプトである。

いきなり完璧なコンセプトの立案を行なうことは難しい。でも、建築デザインのプロを目指す以上は、多くの建築家のコンセプトに直接触れて学び、自らのコンセプトを文章や図で表現できるスキルを身につけてほしい。

木材会館（山梨知彦+勝矢武之／日建設計）
僕ら自身が手がけた「都市建築への木材の復権」を目指して設計したオフィスビル。

「新建築」2009年9月号、「GA JAPAN」2009年9,10月号、「日経アーキテクチュア」2009年9月14日号、「The Architectural Review」2010年1月号他参照

コンセプトの例

ここでは、建築をデザインするうえでのコンセプトの事例を、僕らの仕事「木材会館」を例に紹介したい。

▶木材会館のコンセプト

都市建築での木材の復権を、次の各点で目指す。

- 外装材としての木材の可能性、技術の一般化を追求する
- 内装材としての木材の可能性、技術の一般化を追求する
- 構造材としての木材の可能性、技術の一般化を追求する
- 不燃化しない木材の利用を追求する
- 特注品ではない、規格品の木材を利用し、既存の木材マーケットの活性化を図る
- 特注品ではない、規格品の木材を利用し、木材を利用するうえでの汎用性を追求する
- これらを踏まえた、場所性、気候風土に根ざした個別性の高いデザインを試みる

Section 3-10

ダイアグラムを描く

建築を触発する、図式化されたコンセプト

建築デザインは、形を生み出す作業である。明確なコンセプトが立案できても、いきなり形に結びつかないケースはある。また、言葉にできないが、「簡単な図式＝ダイアグラム」であれば示すことができる場合がある。特に、単一の機能や意味ではなく、多くの機能的、意味的な要素のつながりによって全体を構築することが多い建築デザインでは、ダイアグラムは力をもつ。

１０４ページで紹介した「プログラミング」の手法も、ダイアグラムとは相性がいい。現代の代表的な建築家の一人であるコールハースの仕事も、「プログラムのダイアグラムが突然かたちに変わったもの」とも言われている。ここには、コールハースの仕事の飛びぬけた部分への畏怖《いふ》もあれば、同時にダイアグラム至上主義的なものへの批判も含まれている。

とはいえ、僕らにとってダイアグラムが魅力的なデザインのためのツールであることは間違いがない。

ダイアグラム

樹形図、ネットワーク図、フローチャート、ベン図など、概念を図式的に表現することをいう。
建築では左ページ上図のような、簡単なイメージ図を指す。

ダイアグラムの例

実務の世界でも、コンセプトをダイアグラムに置き換えて、設計上のテーマを明確にする作業を行なう。ここでは、僕らが仕事で描いた木材会館の基準階のダイアグラムをいくつか紹介する。

▶木材会館　基準階のダイアグラム

オフィスビルの外形ではなく、オフィスビルのインテリア空間を無柱の矩形《くけい》でつくり、その周辺にエレベーターなどの機能がボーダースペースとして取り付いているイメージ（右）を表している。

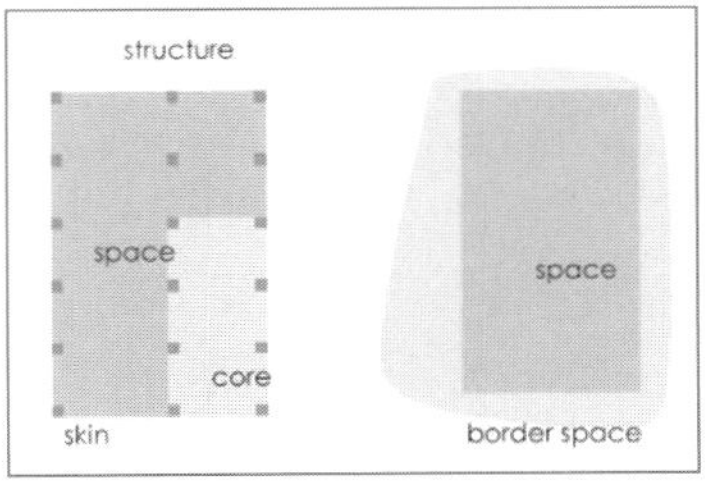

▶実際に完成した木材会館の基準階平面図

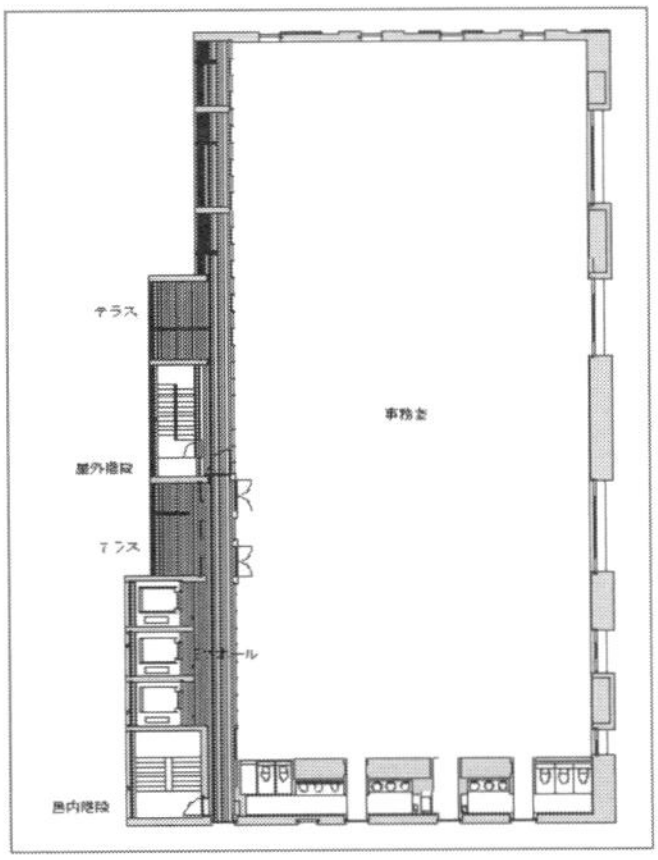

Section 3-11

スケッチを描く
「考え」をすばやく、インタラクティブに図式化するスケッチ

72ページで、建築を学ぶための方法として、スケッチと実測を紹介した。しかし建築家にとって、スケッチは学ぶための道具である以上に、考えるための、もっとも簡潔にして最適なツールでもあるのだ。

巨匠のように、完成形をいきなり描いてもいい。それだけではなく、スタッキングやゾーニング、コンセプトやダイアグラムをスケッチすることもできる。建築雑誌や、建築家の作品集には、イラストレーターなどによってきちんと清書されたダイアグラムが示されていることが多いが、最初の発想はスケッチを描きながらつくられたものがほとんどのはずだ（最近の建築家は別だけど）。

スケッチといえば思い出される建築家は、コルビュジェだろう。彼の著名なテーゼである「近代建築の五原則」は、フリーハンドのスケッチで描かれたダイアグラムの好例であろう。

近代建築の五原則

1. ピロティ
2. 屋上庭園
3. 自由な平面
4. 独立骨組みによる水平連続窓
5. 自由な立面

コルビュジェは近代建築にはこの5つの要素を入れるべき、と主張した。

建築を構築するためのスケッチ

コルビュジェは、建築を構築するため、莫大なスケッチを残した。構築のためのスケッチの代表者といって間違いない。彼の展覧会があったら、ぜひ出かけて、本物に触れてみよう。113ページで紹介したセシル・バルモンドのスケッチも、構造家が抽象化したダイアグラムから複雑な構造システムを構想する状況が見て取れる。ここでは、建築を構築するためのスケッチを学ぶ参考書を示しておこう。

『小さな家』 ル・コルビュジェ著　森田一敏訳　集文社

コルビュジェが、レマン湖とのほとりに建てた両親の家について、スケッチ・テキスト・写真で、コルビュジェ自身がその設計プロセスを説明している。

『SANAA WORKS 1995-2003』 妹島和世・西沢立衛著　TOTO出版

スケッチのよさは、手軽さとスピード感だ。それならば、手軽さとスピード感をになえるものであれば、スケッチにこだわる必要はないともいえる。

妹島和世＋西沢立衛（建築家ユニットSANAA）は、スケッチのみならず、シンプルなCG、写真、模型などが、スケッチ同様にインタラクティブに建築を構築するためのツールとなることを見せつけてくれる。スケッチの概念を果てしなく拡大してくれる一冊。みんなが今何気なくスタディしている方法のほとんどが、実はSANAAにそのルーツがあることを再認識させてくれる。

Section 3-12

オルタナティブを考える
複数を比べることで、見えてくる

「オルタナティブ」とは、ひとつ以上のものから選択可能なこと、つまり選択肢のことだ。

日本の学校では、建築に限らず、ひとりの学生に複数案を提示させることが少ない。実社会でもそうだ。クライアントに案を提示するときも、一案のみであったり、他に案があっても、明らかに優劣がつけられた「捨て案」であったりする。建築のような構築性の強い文化では、つい決まりきった答えが、金科玉条《きんかぎょくじょう》のごとく守られるケースが多い。

ところが、文化が異なる欧米や中国の建築家やクライアントと仕事をすると、彼らは当然のようにオルタナティブを用意する。たくさんのアイデアを出す訓練が必要である学生や新人社員のうちに、ぜひオルタナティブをひねり出す習慣をつけよう。複数の案をひねり出すことで、逆につまらない案に執着せず、発想を広げる視点をもつことができる。

オルタナティブを学べる本

凝り固まった考えにはまり込んで抜け出せなくなる……そんな状況になったらオルタナティブを積極的に模索すべきタイミングだ。

建築に限らず、ひとつの大きなムーブメントが構築された後の閉塞的な状況では、オルタナティブが模索される。ここでは、そうしたオルタナティブの視点を学ぶための参考書を紹介しよう。

『オルタナティブ・モダン』
TN プローブ

2004年に5回にわたってTNプローブで開催された、同名のレクチャーを記録したもの。建築において近代建築のもつ意味はあまりにも大きく、それ以後の建築デザインの試みは、近代建築の呪縛から逃れ、自由を獲得するためのオルタナティブの模索の過程といってもいい。

本書は、伊藤豊雄、青木淳、藤本壮介、西沢立衛、五十嵐太郎、小野田泰明、金田充弘、後藤武など気鋭の建築家が、建築に自由を求めるためのオルタナティブについて語る記録である。

『ソシュールの思想』
丸山圭三郎著（岩波書店）

オルタナティブのもうひとつの効用は、自分自身がつくった異なる案と比較することで、自分自身の考え方、ものの捉え方、認識が整理される点にある。

ものの捉え方を語るうえで、記号論に触れることは必須ともいえる。特に記号論の祖ともいわれ、比較により「差異」を見出すことこそが認識の始まりとしているソシュールの考え方には、現代に生まれ、ものを生み出す仕事に関わるものとしてぜひ触れておきたい。

とはいえ、ソシュールの思想は深遠で近づきがたい。たとえば、丸山圭三郎の視点を通して解きほぐされたソシュールに触れることで、記号論や差異に触れ、オルタナティブの意味を考えるのも悪くないだろう。

チェックとフィードバック

何度も振り返りチェックすることで、力強く前進できる

建築デザインの作業をひとつ終えたら、そのデザインが目的にうまく適合しているかをチェックする必要がある。チェックの結果、うまくいっていなければ、何がまずかったのか、何が原因であったのかなどを明らかにして、それらの情報をデザインの作業へフィードバックし、もう一度やり直す必要がある。

フィードバックされた情報に基づき再度デザイン作業を行なった後、再びチェックを行なう。このプロセスを繰り返すことで、建築デザインの質が高まっていく。節目でのチェックとフィードバックを行なうことで、大幅な手戻りもなくなる。

ただし、漠然とチェックしても、問題点はつかめない。ここでは、僕自身がプロジェクトのチェックに際して意識するポイントを紹介する。経験を積むことで、自分自身のチェックポイントを構築してほしい。

設計演習やプロジェクトのチェックとフィードバック

案がまとまったところで、チェックとフィードバックをしてみよう。主なポイントは次のようなものだ。

□課題に即しているか

当たり前のことのようだが、案を考えているうちに、脱線し、課題やプロジェクトが求めているものとは違った方向に進んでいることがままある。じっくりと案を睨み、課題を的確に反映したものになっているかを自問自答してみよう。

□敷地に即しているか

建築を構築するうえで、敷地はインスピレーションの源泉である一方、著しい制約でもある。案が敷地に即しているかは、重要なチェック項目だ。問題があれば、それを見極め、フィードバックを行なう。

□法律に適合しているか

実務のプロジェクトであれば、必須のチェック項目だ。

□ゾーニングやスタッキングとの整合

取りまとめた案とゾーニングやスタッキングの整合が取れているかをチェック。整合が取れていなくても、合理的な理由、納得がいく解決であればチェックはクリアしていい。

□コンセプトとの整合

自ら立案したコンセプトとの整合をチェックする。時に、コンセプトのほうが間違っている場合もある。そんなときには、コンセプトにフィードバックして、コンセプト自体を組み替える必要があるかもしれない。

□考え、ことば、形の整合

建築デザインは、考えていること、それを言葉に表したもの、そして最終的に導かれた形の間に一貫したものが読み取れることが重要である。自分が紡ぎ出した形を眺め、自らの考えや、自らがコンセプトなどに記した言葉との一貫性をチェックしてみよう。形がそれらを適切に反映したものになっていなければ別案を模索する。時に形が先行し、考えや言葉へとフィードバックされるケースもある。これも間違っていない。チェックとフィードバックを通して、自らのデザインに一貫性をもたらすことが大事なのだ。

Section 3-14

図面を描く…その1
アイデアを図面に表現できることは、プロとして最低限のリテラシーだ

設計演習においては、図面は自分のアイデアを表現する手段であり、模型や写真、スケッチでも補足は可能だ。しかしながらプロの世界では、図面は契約書としての意味をもっているため、自らのアイデアを図面で表現することが必須条件として求められる。だから、プロを目指す以上は、図面を描けるようになることが最低限必要なリテラシーとなる。

僕の認識が正しければ、最近の学生の図面能力は著しく低下していると思う。デザイン自体はとっても魅力的なものが提案できる生徒でも、吹き抜けの表現すら満足にできないケースが多々あるのはすでに述べた通りだ。

プロを目指す以上、自己研鑽《けんさん》がもっとも必要な点が、この図面を描く能力かもしれない。本当はそれほど難しいものではない。ほんのちょっと勉強すればいいのだ（でも奥は……深い）。

では、図面の描き方を学ぶ方法について紹介しよう。実際のところ、図面は建築を

伝達する言葉のようなものだ。暗黙のルールはあるものの、明確で固定的なルールや、それを記したテキストブックのようなものはほとんどない。僕らが言葉を学んだときのように、実例に触れて学ぶことが一番の近道だ。

図面を収集する

描き方を覚える一番のコツは、サンプルになる図面を集めることだ。

演習課題であれば、建築雑誌の図面が参考になる。先輩の課題も参考になるだろう。実務でのプロジェクトは、社内にある基本設計書や実施設計図を取り寄せ、手元に置いて参考にしよう。

参考文献をあたる

標準的なテキストブックはないと書いたが、正確にいえば、JISにより決定されたルール（建築製図通則）がある。しかしながら、多くの設計事務所がこれを適宜カスタマイズして使っている。建築の設計図は、契約書であると同時に建築家の思想をも表す側面があるからだろう。いずれも実施設計図作成には役に立つが、基本設計における図面表現は、先の「図面を収集する」方法がベストだろう。

建築製図通則がわかる本

『建築製図　JISの製図規格／解説』日本建築家協会編（彰国社）
『建築家のための国際製図法』日本建築学会編（彰国社）
『世界で一番やさしい建築図面　木造住宅編』綾部孝司ほか（エクスナレッジ）

Section 3-15

図面を描く…その2
図面建築の基本的な構成と役割を頭に入れよう

設計演習で提出が求められる図面のレベルは、185ページで紹介する実務の設計プロセスの中の、基本計画図や基本設計図に相当するものと位置づけられるだろう。図面全体の主な目的は、意匠設計の概要、特に形態を読み取ることだ（逆にいえば、仕上げや素材、法律的な位置づけなどはわからないレベルの図面だ）。

モノクロの線画が基本であるが、仕上げや色合いが重要な意味をもつ場合には、色をつけたり、仕上げのイメージを張り込んだりすることもある。CADの利用が一般的になったことで、表現は多彩になっている。

また、壁や柱も、黒く塗りつぶしたり、白抜きにしたりと、表現したい内容により、さまざまな方法が取られている。ここでは、図面の基本的な構成を紹介する。

基本設計図の構成 1

僕らが実際の仕事で作成した基本設計図を参考に、標準的な基本設計図の構成を説明する。

▶コンセプトシート

「図面では描けない設計の考え方」や「設計に先立つ思想」を、文章やダイアグラムで示したもの。説明的な資料なので、最初にレイアウトされる場合が多い。

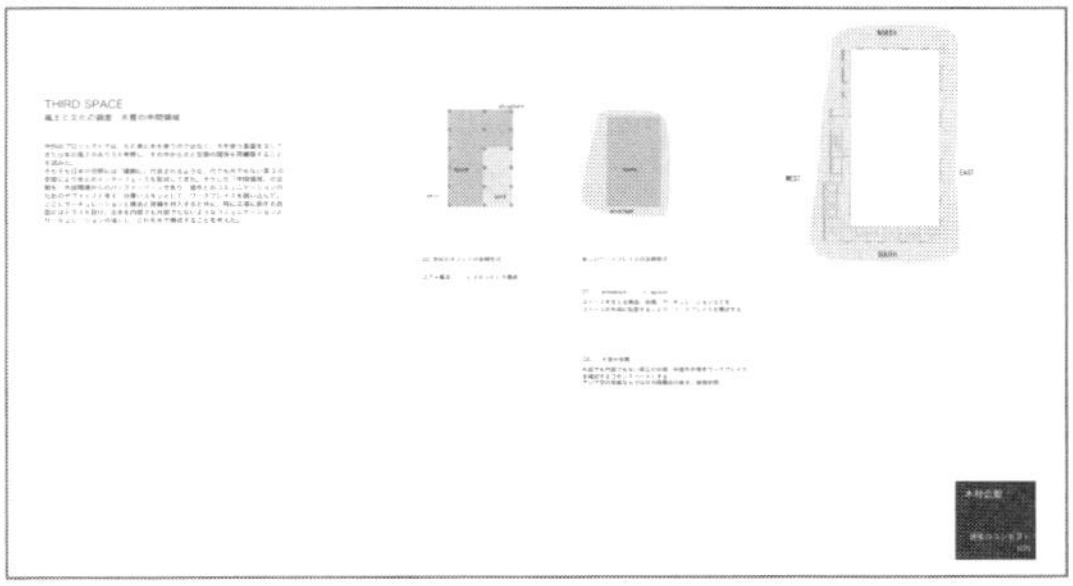

▶ CG、模型写真、パースなど

建築の外観や内観、また必要により重要な部分を 3 次元的な画像表現で示し、説明するもの。コンピューターで描く場合（CG)、模型を作成して写真を撮影する場合、手で描く場合（パース）がある。全体像をわかりやすく伝えるため、コンセプトシートとともに、最初にレイアウトされる場合が多い。

▶案内図

建築がどういった場所にあるかを示す図面で、通常は地図がベースになっている。近くの目印となる建物、主要な幹線道路、駅などの公共交通機関から敷地に至る道筋や、敷地近隣で建物の計画に影響を与えるものは、ぜひ描き込んでおきたい図面だ。スケールは表現したい内容によるが、1/5000 ～ 1/500 ぐらいを用いることが多い。

▶配置図

建築が、敷地の中でどのように配置されているかを示す図面。建築物は屋根伏図で示される場合が多いが、1階と外部空間のつながりが重要な場合や、小型の建物の場合は、1階平面図と合成されてつくられる場合も多い。敷地に近接する道路や建物の情報も重要なので描き込む。

もうひとつ大事なことは方位。環境の時代になり、建物の配置を決定するにあたり方位の位置づけはますます大きくなっている。スケールは、1/1000 ～ 1/100 程度が多い。

木材会館では、案内図と兼用している。

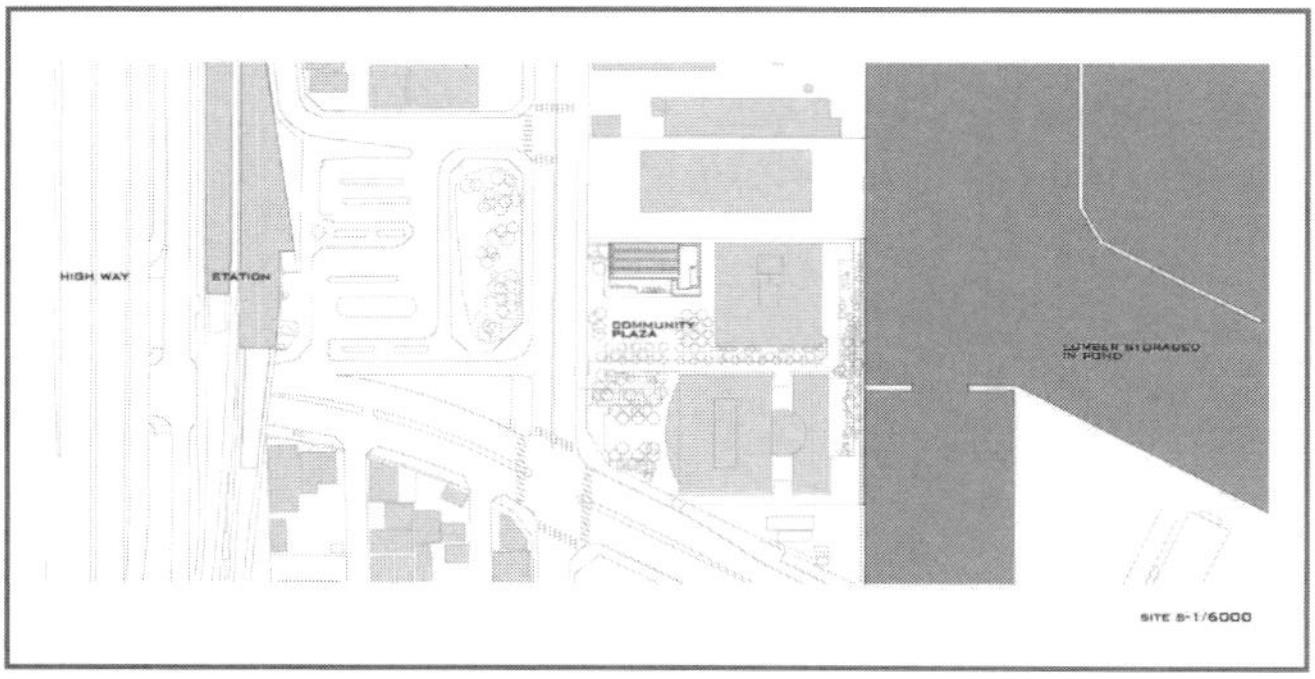

基本設計図の構成３

▶平面図

建築の各階の構成や、どんな空間になっているかを示す図面。ちょうど建物を天井から床へと見下げた視点で描かれている。日本では伝統的に平面図の位置づけが高く、「図面」といえば平面図がイメージされる。通常は柱心の寸法程度を記載するが、省略してスケールバー程度の表記にとどめることも多い。ふつうは大体北といえる方向が図面の上に向くように、かつ建物の主要な面が図面と平行になるように建築をレイアウトする。屋上や屋根が重要な建物の場合は、それらも描く。1/500 ～ 1/50 ぐらいを用いることが多い。

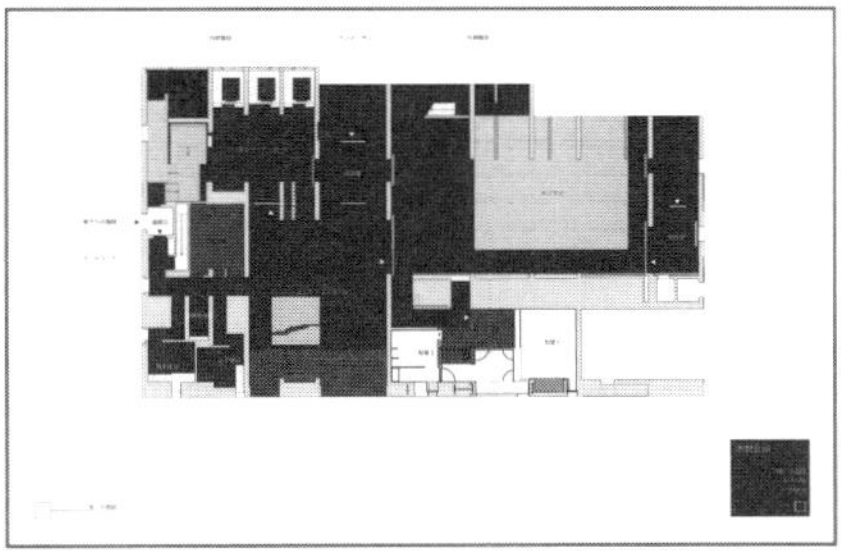

▶断面図

建築をちょうどケーキを切るようにカットして、横から見た視点で描く図面。上下階のつながりや構成、吹き抜けのように縦につながる空間を描くための図面だ。縦方向の寸法を記載するための図面でもある。建物の設計意図により、切断面を自由に設定し、空間を表現することが重要。切断面は、通常は平面図上に記載しておく。スケールは、平面図と同一にしておくと、図面が読み取りやすい。

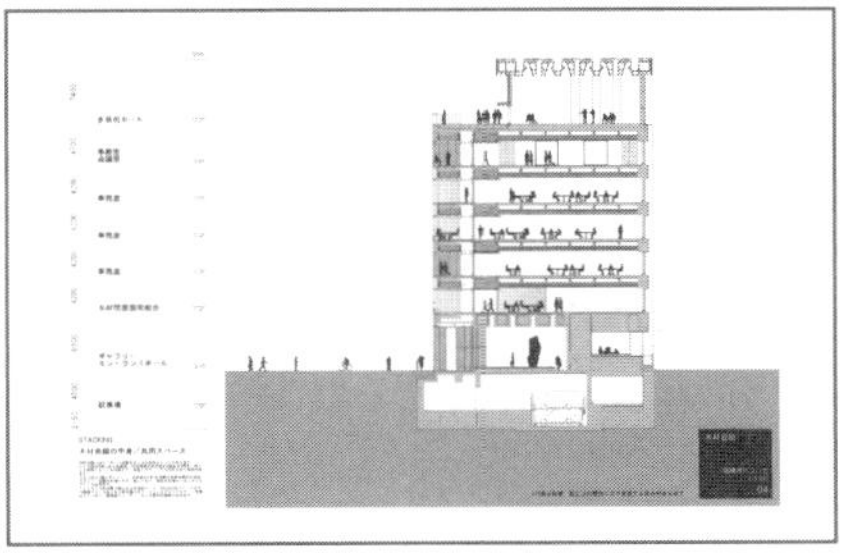

基本設計図の構成４

▶立面図

建物の外観を描く図面。通常は、建物の外壁に対して正対して描く。建物の平面形の多くは四辺形であるため、通常は４枚一組で立面図は形成されている。デザインを表現するために、着色をしたり、影をつけたりと多彩な表現をすることも多い。最近では、CGを利用した立面図も多用されている。スケールは平面図と同一にしたほうが、図面が読み取りやすい。

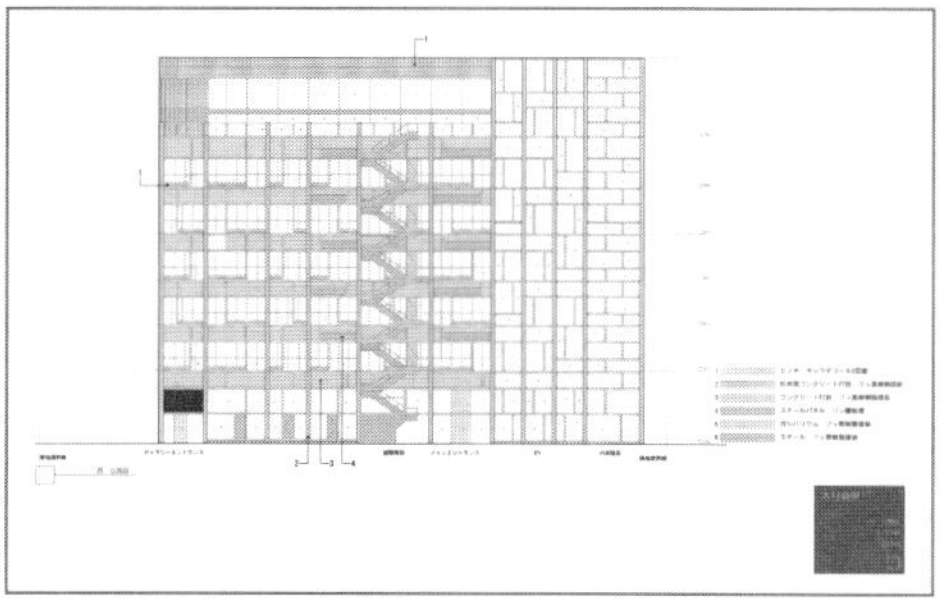

▶詳細図

必要により、各部の詳細図を加える。外装に力が入っている場合は、外装詳細図を描いたり、ホテルやマンションではユニットごとの平面詳細図を描いたりする。スケールは、1/50～1/5など、意図により自由に選んでかまわない。ちなみに、木材会館では、２次元ではなく３次元で詳細図を描いた。

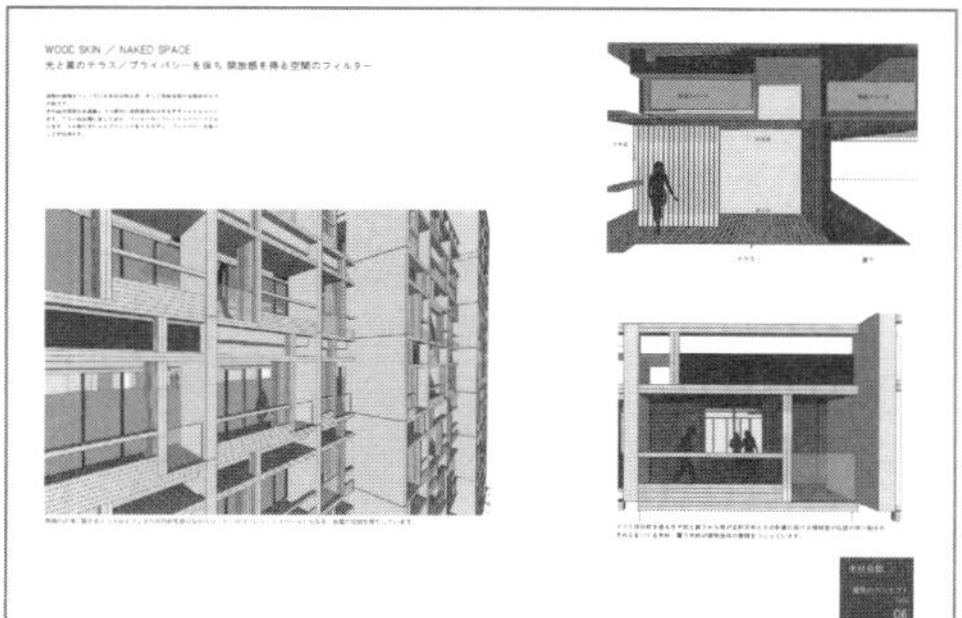

基本設計図の構成５

▶その他

以上が標準的な図面の構成であるが、設計意図によってはこれらの図面だけでは設計意図が表現できない場合もある。この場合には、必要な図面を適宜加えていく。

木材会館の場合は、木部材のディテールが重要であったため、各部のディテールを３次元 CAD により描いている。

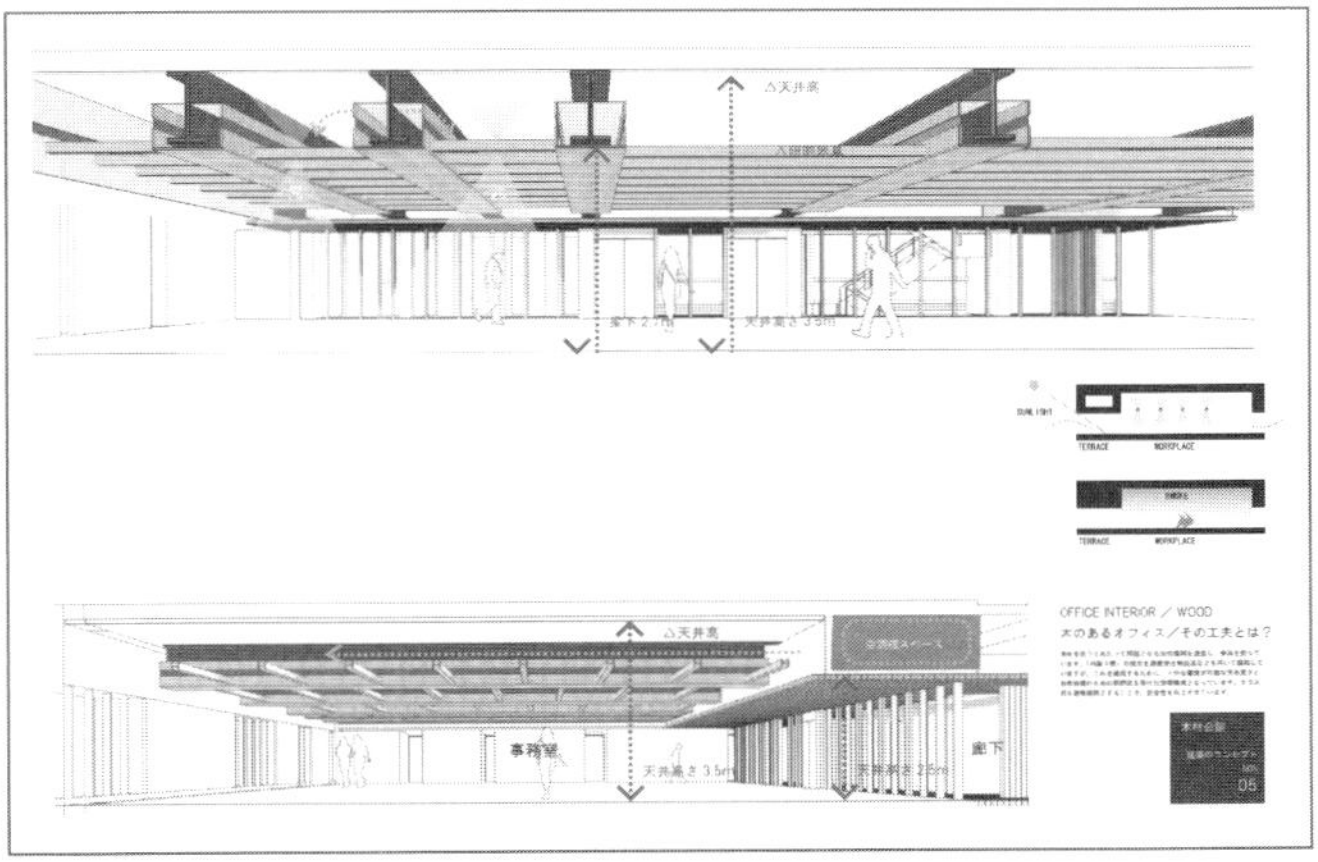

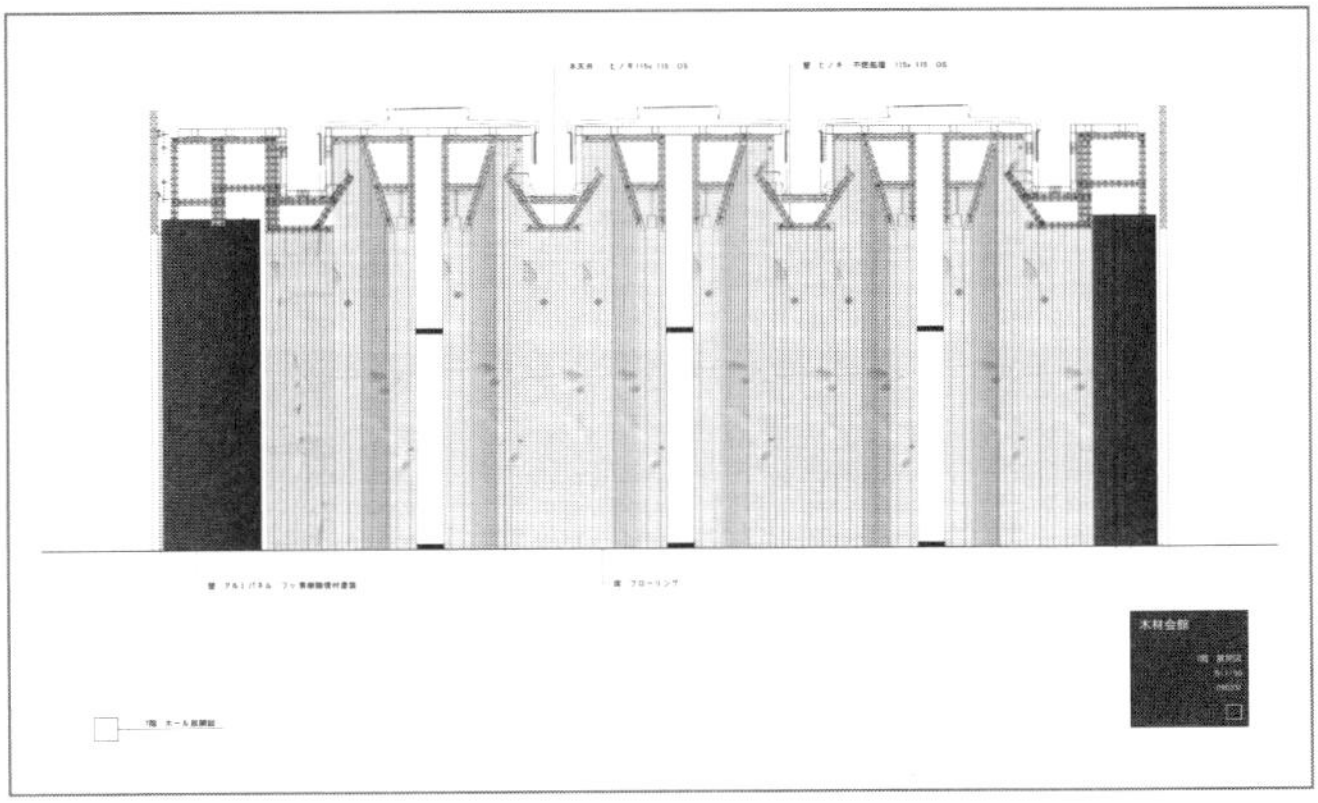

図面を描く…その3

契約図としての意味、法的な適合性を明示する実施設計図

基本設計図や設計演習の図面の主要な役割が、設計意図の表現であるのに対して、実施設計図は、クライアントが「工事を発注するための契約書」としての役割や、実施設計が法的に適合していることを示す役割（確認申請図として別にまとめる場合も多い）も併せもっている。

また公共工事の場合は、さらに予算を算出するための予算書（設計書）と合わせて「設計図書」として位置づけられている。

32ページで、建築のための工事は建築工事や設備工事など、さまざまな種別に分けられていることを説明した。実施設計は契約書であるから、実はこの工事の区分にしたがって描かれる。ここでは、まず標準的な実施設計図の全体像を、次いでその中の意匠図の詳細についてリストで説明しよう。

設計図書

実際に建物を建設するための契約を結ぶには、設計図だけでは表現しきれない。仕様書と呼ばれる書類や、建物を構成している部材をコスト算出のためにリスト化した数量書といったものが必要になる。これらをまとめて設計図書と呼ぶ。

標準的な実施設計図の構成

標準的な実施設計図は、工事の発注の区分に基づき、次のような図面から構成されていることが多い。

意匠設計図	いわゆる建築デザインの部分が描かれた図面で、「意匠図」とも呼ばれる。構造設計図と合わせて「建築図」ともいう。
構造設計図	建築図のうち、構造に特化した図面を指す。通常は構造設計家が意匠図とは分離して描く。
空調設備設計図	空調設備や、給排気設備の設計図で、給排水設備図、昇降機設備図と合わせて「機械設備図」と呼ばれることがある。通常は、設備設計のうち、空調や給排水設備を設計担当する設計者が作成する。
給排水衛生設備設計図	上下水道、トイレなどの衛生陶器など、給排水設備に関わる部分の設計図を指す。
電気設備設計図	電気機器類や、それらの配線、受変電設備、情報インフラなどの電気に関連する部分の設計図を指す。
昇降機設備図	エレベーターやエスカレーターなどの昇降設備の部分設計図を指す。機械設備図として、空調や給排水の図面とまとめられるケースもあるが、意匠図に組み込まれるケース、独立して扱われるケースなどさまざまだ。
機械駐車設備図	駐車場のうち、機械設備を伴う場合に必要となる設計図。機械設備図として取りまとめられる場合や、意匠図に組み込まれる場合など、さまざまな扱い方がある。

以上の図面は、分離発注の場合でも、一括発注の場合でも、慣例的には区分される場合が多い。他に、外壁など特定部分を分離発注する場合には、その部分の図面を他とは独立させた図面として取りまとめる。なぜなら、実施設計図の大きな役割が契約書類であるためだ。工事発注の形態が先にあり、実施設計図はそれに合わせて作成される運命の書類であるのだ。

平面・断面・部分詳細図	建物各部の状況を必要により詳細に示した図面。
展開図	建物の内部の様子を、立面図同様に描いた図面。
天井伏図	天井面の様子を描いた図面。通常は、天井を平面に投影し、上から見下げた状態で記載することに注意。
建具位置図	平面図上に符号を振り、次の建具表に記載された建具が、どこに配置されるかを示した図面。平面図を兼用する場合もある。
建具表	建具の仕様を、表形式で記載した図面。
外構図	外構計画やランドスケープを記載した図面。配置図と兼用する場合もある。
外構詳細図	外構の詳細を記載した図面。
植栽図	外構に用いる植栽のレイアウトや仕様を記載した図面。外構図や配置図と兼用する場合もある。
仮設計画図	民間工事では、仮設計画をクライアントや設計者が指定するケースは少ないが、官庁工事では仮設工事を指定する場合がある。そういった場合に仮設計画を説明するための図面。
範囲図	断熱、防水、耐火被覆など、範囲の読み取りが困難な場合に、平面図や断面図を使い、工事の範囲を図示した図面。
通《とお》り心《しん》図《ず》	日本では伝統的に、構造体の通り心を基準に設計と施工を行なう。近頃では建物が直交座標を超えた複雑な組み合わせになることが多く、そのために通り心がどのような関係で構成されているかを示す図面を作成する場合がある。
区画図	通常は、確認申請図書として別に作成するが、実施設計図に組み込む場合も増えている。防火・防炎区画や、採光面積、排煙免除区画面積などを記載する。

標準的な意匠設計図の構成

前ページで紹介した実施設計図の中から、意匠設計図を取り出し、その標準的な構成を見てみよう。

（参考　国土交通省官庁営繕　建築工事設計図書作成基準）

標準仕様書	設計のたびに作成されるのではなく、その事務所の図面のつくり方となる根本の仕様が示された図書。通常は図面の形式ではなく、本の形で取りまとめられたものを使用する。 もっとも代表的なものが、通称「共仕」（きょうし）と呼ばれている「国土交通省官庁営繕　公共建築工事標準仕様書」である。
特記仕様書	標準仕様書では記載しきれない、プロジェクト個別で、記載が必要になる仕様についての図面。
工事区分表	特定の工事項目が、建築工事から各種設備工事に至るいずれの工事として位置づけているかを、表形式にまとめた図面。
敷地案内図	基本設計と同様、主要なインフラなどから敷地の位置を特定できる図面。
敷地求積図	敷地の面積を算出するために、測量士によって作成された図面。
敷地現況図	工事費見積もりの基準となる、敷地の現況を示した図面。
配置図	敷地における建物配置を示した図面。
求積図	建物の各部、各階の面積を算出するための図面。
仕上表	建物の各部の仕上げを一覧表形式で示した図面。
平面図	建物の各フロアを描いた図面。
立面図	建物の外観を描いた図面。
断面図	建物の断面を描いた図面。
矩計《かなばかり》図《ず》	建物の断面方向の図面。

図面を描く…その4
建築家のもっとも身近なＩＴツールはＣＡＤ！

さて、図面を何で描くか。実務においても、学校で教えていても、最近は鉛筆を使った手書きの図面を見るケースは激減している。とはいえ、手で描くことを重視した教育を実践する学校、新人教育の一環として手書きの図面にこだわる設計事務所もたくさんある。そうした教育機関や事務所に入ったら、今や貴重な経験だから、しばらくはどっぷりとそのレトロな世界に浸ってみよう（僕も入社5年間は鉛筆で図面を描いていたな）。でも、手書きにこだわる必要がない環境だったら、迷わずＣＡＤを利用して図面を描いていいと僕は思っている。

ＣＡＤと呼んでいるのは、コンピューターを使って、図面を2次元で描いていく手法だ。鉛筆がマウスに変わり、紙が画面に、そして鉛筆の筆跡が、画面上のデジタル情報に変わったものだ。コンピューターだって、自動的に図面を描いてくれるような便利な代物じゃない。鉛筆がＩＴ化された程度のささやかな技術革新の賜物に過ぎない。

だから、誰が使っても同じような図面が自動的に描けるわけではない。経験からいえば、手書きの図面や、スケッチがうまい人は、CADを使ってもきれいでわかりやすい図面を描く。つまり、CADを使っても絵心や修行が必要なわけだ。これが130ページで述べた自己研鑚が必要な理由だ。

とはいえ、手書きよりも習得するのが容易なことも事実だ。最低限のコツを身につければ、誰でもそこそこの図面を描くことができる。修正も楽チン。何度描きなおしても紙が破れるなんてことはない。その代わり、コンピューターが提出間際になぜか落ちて、データが台無しになることはある。必ず、データはこまめにバックアップしよう。

ここでは、無償もしくは比較的低価格で手に入れることができる2次元CADをいくつか紹介しておく。基本的な使い方については、膨大な数の解説書が出ているし、先輩によってつくられた優良なマニュアルや情報がPDF化されて、ウェブ上にたくさん転がっている。

それぞれに特徴があるが、どれを使おうか迷う必要はない。CADとはいえ、所詮は鉛筆の延長だ。手に届くところにあるものをまず使ってみればいい。

図面をわかりやすく描くカギ

CADでも手書きでも、図面をわかりやすく描くカギは、線の太さにある。基本は3種類。

一番太い線で、断面になる部分を描く。平面図でいえば、柱や壁。外装のガラスや建具も切断面だから、太線で描くのが基本。

中ぐらいの線で、実在はするが、切断面にはなっていないその他の線（見え掛かり）を描く。平面図でいえば、階段の段、手すり、家具など。

細い線で、その他の実在してはいないが、説明的に書き加える線を描く。階段の上がり勝手、吹き抜けの表記、寸法線、引き出し線など。

▶ AutoCAD　LT（オートキャド　エルティー）

AutoCAD の多彩な機能を絞り込み、２次元に限定した CAD で、価格も低めの設定がなされたサブセット版。機能が削られているとはいえ、建築の実施設計には必要十分な機能が備えられている。
http://www.autodesk.co.jp

▶ Illustrator（イラストレーター）

画像処理ソフトウエアで定評がある Adobe 社が提供する、ベクター画像編集ソフトウエア。もともとはグラフィックデザイナーが印刷用の原稿を作成するためにつくられたソフトウエアであるが、多彩なグラフィックス処理が可能であるため、建築デザインの世界でも頻繁に使われている。

建築では、CAD によって作成したデータを Illustrator に読み込み、色づけなどの処理をするという使い方が多い。学生用として低価格なパッケージを提供している。

http://www.adobe.com

下記の画面は、無償かつダウンロードしてすぐに使える CAD、Jw_cad の画面。無償でありながらも、日影や天空率など、実務に必要な機能を標準で備えている。市販 CAD に比べて、インターフェイスのビジュアルが洗練されていないようにも見えるが、マウスの操作などは市販の CAD に勝る洗練されたインターフェイスをもつ一面もある。

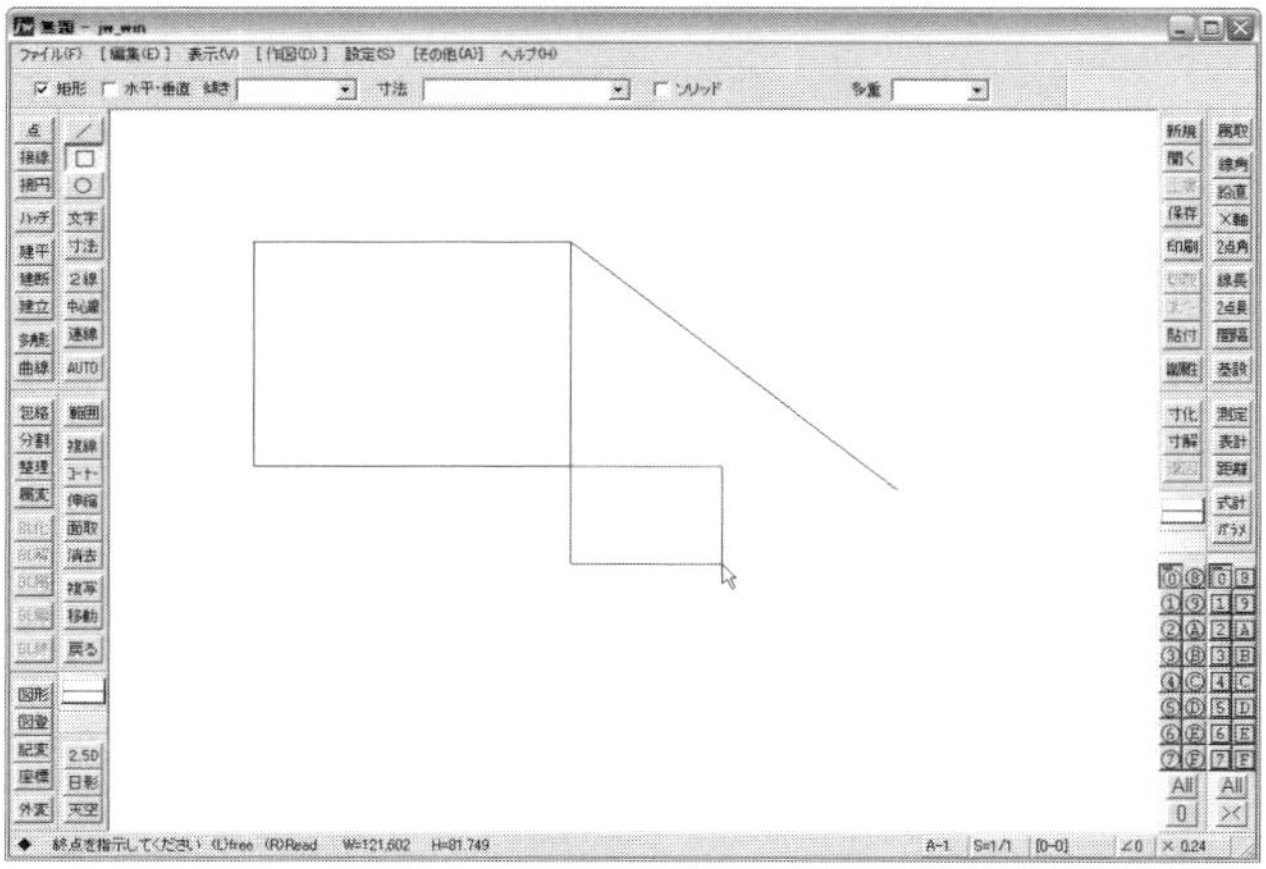

日本の建築界で使われている２次元 CAD

日本の建築界で使われているすべての CAD を網羅することはできない。ここでは、学生が無償で使えるもの、研究室などで見かけることが多いもの、そして僕自身が使ったことがある CAD をピックアップして紹介してみる。

▶ Jw_cad（ジェーダブリュキャド）

Windows 系のコンピューターで作動する「フリーウェア」の CAD。学生以上に、日本の多くのプロの建築家が使っている。建築の設計図を描くのに必要十分な機能が備えられている。

他にも、日影図、天空図といったプロが建築計画上必要になる検討も Jw_cad だけで行なうことができる。まずは次のサイトにアクセスして、Jw_cad について学び、ダウンロードしてみよう。

http://www.jwcad.net/

▶ Vectorworks（ベクターワークス）

建築のプロの間で人気が高い CAD。意匠系の研究室や、アトリエ事務所で見かけることが多い。また、建築専門誌でも図面編集に使っているところが多いのも特徴だろう。色つけや影つけといった２次元の表現力が優れているため、基本設計やコンペなどで使われることが多いが、もちろん実施設計も十分にこなせる。また３次元機能ももっているため、幅広い範囲での利用が可能なソフトウエアだ。

学生用として、低価格なパッケージを提供していることも魅力だ。

http://www.aanda.co.jp

▶ AutoCAD（オートキャド）

事実上、国内外で建築 CAD の標準的な存在となっている。多機能である一方、高価な CAD ソフトだったが、最近、低価格に設定した学生版の販売をスタートしたため、今後は学校での利用が増える可能性が高い。AutoCAD のデータフォーマット形式である DWG や DXF 形式は、今やほとんどの CAD ソフトで読み書きができるほどだ。プロの世界では、大手設計事務所やゼネコンで、実施設計を中心に使われることが多い。世界でもっとも使われている CAD といっていいだろう。

http://www.autodesk.co.jp

Section 3-18

図面を描く…その5
3次元の設計から2次元の図面を作成するBIM

建築の設計図は、普通は2次元で描かれている。建築は本来、3次元のものであり、それを2次元で表示するわけだから、外部空間のみならず内部空間をもち、おまけに天井裏や入隅／出隅といった見えづらい部分をもつ建築を、2次元で完璧に表現することは困難だ。

一方で、建築の設計意図を伝えるメディアが紙であった時代には、2次元図面は描きやすく、複製や保存も容易であるというメリットが勝り、図面は2次元で描くものという習慣になっていた。

今やITの時代である。本来3次元である建築を、コンピューターの中に構築されたバーチャル空間で組み立てながら設計するほうがナチュラルだし、デジタル情報であるから、コンピューターを使った後処理も簡単だという考え方が生まれた。コンピューターを使った3次元設計のうち、そこに仕上げや建築部材の強度などの情報まで取り込み、デザインだけでなく、構造計算やコスト計算まで一挙にやってしまおうという壮大な試みも生まれている。これはＢＩＭ（ビム、もしくはビルディング・インフォメーション・モデル）と呼ばれる設計手法である。

建築の３次元設計やＢＩＭは、アメリカやオーストラリア、ヨーロッパ諸国、特に北欧では熱心に推進されているが、日本ではいまひとつ盛り上がっていない。学生の課題を見てもそうだ。３次元設計の先進国では学生も課題の提出に３次元ＣＡＤを普通に使っている。

日本はＩＴ後進国とは思えないのに、３次元ＣＡＤに限っていえばかなり遅れをとっている。３次元ＣＡＤやモデラーを使ってＣＧをバンバン描くような設計スタイルは、実務でも、学生でもほとんど見ることができない。模型はみんな山ほどつくるのだけど。

しかし、２０１０年になり、実務の世界では急速にＢＩＭなど３次元設計が進み始めた。３次元が一般化する日は、もうすぐそこまで来ている。

ここでは、簡単な３次元の設計ツールからＢＩＭツールまでを紹介するとともに、３次元設計図のサンプルを提示しておこう。

BIM（ビルディング・インフォメーション・モデル）
仕上げや価格といった建築の諸情報をデジタル化して、3次元の形の情報とともにまとめた「3次元の建築情報データベース」だと考えていい。

▶ Rhinoceros（ライノセラス）

プロダクトデザイン用に、より自由な曲面を作成するためのツールであるが、最近ではアメリカの建築家や、日本のアトリエ建築家の間で非常に人気があるソフトウエア。
建築専用3次元CADのような自動的に作図できる便利さはないが、自由にストレスなく立体を扱えることが魅力。無償ではないが、学生版（教育用）が用意されている。
http://www.rhino3d.co.jp

3次元については、まだ定番CADが定まっていない状況だ。上記以外にも、古くから定評のある「Form Z」、日本発のCGソフトである「Shade」、BIM御三家の一角を占める「ベントレーシステムズ」、ヨーロッパで定評のある「Allplan」、住宅系に強い 「ARCHITREND Z」などがある。また2次元CADとして紹介したVectorworksは強力な3次元機能も併せもっている。

迷うよりも、まずは目の前にあるものを使い始めてみよう。ひとつを覚えれば、後のソフトウエアの習得にもそれほど時間はかからない。

下記は、Google SketchUpの画面。アメリカ風の陽気な画面からは、お遊びの道具にも感じられるが、実力はプロユースにも十分。豊富なマニュアル類（山梨知彦著『Google SketchUp スーパーマニュアル』日本実業出版社）などが多数市販されているのも魅力だ。

日本の建築界で使われている3次元CAD

3次元CADの利用は、まだ日本では始まったばかりだ。簡単なものから本格的なものまでを紹介する。

▶ Google SketchUp（グーグルスケッチアップ）

Googleが提供する、3次元スケッチ作成ソフト。無償でありながら、プロユースにも耐えうる機能を備えている。

何よりも使い方が簡単で、半日もあれば基本的な使い方が飲み込めるのも嬉しい。より使い込みたい人には、Pro版も存在する。こちらは他のCADとの連携のために、多彩なデータの読み書きができるのが特徴だ。

http://sketchup.google.com

▶ ArchiCAD（アーキキャド）

1980年代から、コンピューター上の仮想空間に建築を構築しつつ設計をするという「バーチャル・ビルディング」のコンセプトを掲げてきたグラフィソフト社の建築専用3次元CADの先駆。3次元のモデリングデータから、平面図、立面図、断面図、展開図、そしてパースを切り出すことができる。いわばBIMの先駆者でもある。下記のアドレスにアクセスして登録することで、学生は無償で使うことができるのも魅力だ。

http://www.graphisoft.co.jp

▶ Revit Architecture（レビットアーキテクチュア）

AutoCADを提供しているAutodesk社が販売している3次元CADで、BIMを一躍有名にした立役者的存在。3次元モデリングデータから各種図面が切り出せるあたりはArchiCADと同様だ。

無償ではないが、非常に低価格な設定で学生版が購入可能（AutoCAD Revit Architecture Suite）。同時にAutoCADまで手に入れることができるのも魅力だ。

http://www.autodesk.co.jp

Section 3-19

スタディ模型をつくる
模型をつくりながら建築を考える

フィレンツェにあるサンタマリアデルフィオーレ（ドゥオーモ）を設計したブルネレスキは、そのコンペに際して公衆トイレにも使えるほどの大きさの模型をつくったそうで、今もドゥオーモの中にいくつかの模型が展示されている。これは何もブルネレスキに限ったことではない。建築家は古くから、模型をつくって建築を考えてきた。

僕も、3次元CADを多用するほうだが、それでも模型は手放せない。模型とCGは、設計行為の中で、明らかに異なった役割をそれぞれ補完的にになっている。だからCGがどんなに発達しても、模型は決してなくならないと思う。特に、模型をつくり、時に壊しながら、まるで積み木や粘土細工をするように建築を考えることは、少なくとも今のCGでは不可能だ。

課題の最後に作成する完成模型はもちろん大事だが、身につけてほしいのは、「模型でスタディする」姿勢である。

フィリッポ・ブルネレスキ
1377-1446年。フィレンツェ、ローマで活動した金細工師、彫刻家、建築家。
『天才建築家ブルネレスキ』 ロス・キング著（東京書籍）

スタディ用の模型の例

世界的巨匠の妹島和世さんに始まり、若手建築家の代表的な存在の藤本壮介さん、そして最若手の藤村龍至さんに至るまで、有名建築家の著作物や雑誌発表された設計プロセスを見ると、スタディ模型が多数登場する。また、設計のプロセスでつくられた模型がすべて保管され、所狭しと並べられているさまを目にする。

僕らもよく模型をつくる。自分たちのスタディ用につくった模型だが、それだけにかえって考え方をクライアントに伝えやすいため、そのままプレゼンにもち込むことも多い。

下記は乃村工藝社の最初期のスタディ模型であり、プレゼンにも用いたもの。内部のアクティビティをスタディするため、プライザー社の鉄道模型の人物をたくさん並べてある。

写真を撮影する

気軽に、メモ代わりに、まずはたくさん撮影してみよう

ここは、「写真なんて撮ったことないよ」という人のためのページだ。写真好きな人は飛ばしてかまわない。

プロの建築写真の撮影は、三脚を使ってじっくりと撮影したものが多い。最終的にそういった写真を目指すかもしれない。しかし写真撮影になれていない人は、スケッチと同様に、下手でもいいので、気になるところから、外観、内装、ディテールをとわず、がんがん撮影することが大切だ。自分の目で見て、いいものと悪いものに仕分けてみる一連のプロセスを体験してみよう。

5000枚も撮れば、最低限の技術は身につくだろう。数が勝負だからデジカメでかまわない。いつももち歩くからポケットサイズでいい。大事なことは、自分が撮影した写真を必ず峻別《しゅんべつ》して「いいな」と思う写真をピックアップすることだ。

僕の引き出しの中にあったデジカメ。なぜか、年に１台は買ってしまう。

デジカメ選びのポイント

デジカメをもっていなければ、ぜひ手に入れて、毎日もち歩き、建築に限らず気になるものをガンガン撮影しよう。デジカメを選ぶときは、次のポイントに注目だ。

□最初に予算を決める

デジカメはさまざまな種類がある。性能から選ぶと際限がなくなる。まずは上限予算を決めよう。

□広角レンズ

建築はサイズがでかい。だから、画角が広い（広い範囲を一度に撮影ができる）広角レンズが必要になる。通常は「35mm カメラ換算」で画角が表示されている。28mm 以下の画角のものがいいだろう。カメラを買ったら、まず画角の調整方法を覚える。

□明るいレンズ or 手振れ防止機能

レンズが明るいほど、暗い場所の撮影が楽になる。インテリアを撮影することが多い建築家には明るいレンズは必需品だが、価格も高くなる。これを代替できるのは手振れ防止機能だ。1/4 秒ぐらいのゆっくりとしたシャッター速度でも、手もちで十分撮影が可能になる。まずは手振れ防止機能は常に ON でいい。

□予備バッテリー

旅行は撮影のチャンスだが、一度のバッテリーで撮影可能なのはせいぜい 300 枚程度。大量撮影には予備バッテリーが必須だ。

□迷ったら小型のカメラ

性能に迷ったら、小型のカメラを選ぼう。毎日もつには小型が便利。将来一眼レフタイプを買ったときにも、小型のサブカメラは便利だ。コンデジ (コンパクトデジタルカメラ) の真髄に迫ろう。

□カッコいいカメラにする

もうひとつ大事なことは、カッコいいと思えるカメラにすること。ダサいカメラよりもカッコいいカメラは撮影のモチベーションを確実に高める。どこでも撮影するには、カッコいい道具をもつことも重要な気がする。

実は建築撮影向きなカメラはそれほど多くない。メンターに聞いてみよう。今人気のコンデジが何であるかはすぐにわかる。

3 ２でつくったフォルダに、撮影してきたデータを入れるだけ。特に気に入った写真があれば、データ名の後にメモやキーワードを入れておく。これで検索が簡単になる。後日、再利用を繰り返したときに、キーワードを付加してもいい。

4 Google デスクトップのようなパソコン上のデータをすべて検索してくれる無料アプリをインストールする。
これで、インターネットで検索するのと同じように写真検索が可能になる。あわせてグーグルが提供している Picasa も使うと便利だ。
Google デスクトップについては、下記を参照してほしい（Mac 用もある）。
http://desktop.google.com
Picasa については、下記を参照してほしい。
http://picasa.google.com

こんな簡単で超ズボラな方法であるが、写真のみならず、僕は生まれてから今までのすべて、スケッチ、自分の作品に関する資料、原稿などをデジタルデータに変換して、この方法で保管している。手動で資料を探すにも、Google デスクトップなどの検索エンジンを用いて検索するにもとっても重宝している。

ズボラな人のための　写真の整理方法

建築を勉強し始めて、日頃からデジタルカメラをもち歩くようになると、驚くほどたくさんの写真データがたまる。ここでは、ズボラな人のために、僕自身が 10 年以上実践している写真の整理方法を公開する。この方法なら、ほとんど手間がかからずに、膨大なデータが保存、検索、再利用、管理できる。

1 まずは、PC を用意しよう。僕は Windows ユーザーだ。Mac 派の皆さんごめんなさい。写真は HD 上にストックする。大容量の HD は奮発して 2 台買い、ミラーコピーを定期的に取り、クラッシュに備えよう。

2 保存するフォルダの下に、撮影日を 6 桁で表した番号＋建築名称でサブフォルダをつくる。2009 年 8 月 1 6 日にプラダ青山ビルを撮影したとすれば「090816 プラダ青山」という感じ。日付とファイル名を頼りに、検索ソフトを使わなくても目的とするデータにはほとんどの場合たどりつける。

パノラマ写真を簡単につくる

建築物は、当たり前の話だけど大きい。それに内部空間もある。全体を写しきれない場合には複数の写真に分けて撮影し、再合成してつなげ、パノラマ写真をつくる。

- 簡単な方法は、出力して、切り張りする方法だ。切り張りするだけなので、当然ピタリとは合わない。逆にそれが味になる。手本になるのは、現代美術の巨匠であるデビッド・ホックニーのジョイナー写真と呼ばれる手法だ。ピカソの絵のごとく、立体を捉える目の動きが読み取れる写真ともいえる（検索エンジンに Joiner photo と打ち込めば、サンプルを見ることができるはずだ）。

- この作業を PC 上でやるのはとっても簡単だ。写真を PC 上で扱う代表的なソフトウエアは、Adobe 社の Photoshop だ。高価だが、学生の場合はアカデミーパックを買えば比較的安価に済む。

- より本格的な、パノラマ写真をつくるときも Photoshop は使える。というよりも、僕が知っている限りでは、CS3 以降は、最強のパノラマ写真作成ツールともいえるものだ（以前のバージョンも存在したが、CS3 で満足いく結果が得られるようになった）。

- Photoshop の使い方は簡単だ。まずはつなぎたい写真を用意する。Photoshop のメニューからファイル > 自動処理 >Photomerge を選択。開いたウインドウからつなぎたい写真をすべて選択して、読み込みを押し、待つこと数十秒。見事に写真が 1 枚につながる。
  この中から、気に入った部分をトリミングすれば綺麗なパノラマ写真の完成だ。

Section 3-21

写真をちょっと加工する

コンデジで撮影した写真をプレゼンで使うための加工

スナップ写真などを、佐内正史さんやエIROMIX気取りでガンガン撮影していても、課題の参考写真などでは、いわゆる「建築写真」的な画像が必要なときもある。こういうときには、「Photoshop」の出番だ。

Photoshopは、デジタル写真などの画像を、変形、修正するソフトウエアで、建築家にとっても学生にとっても必需品かつ定番ソフトウエアのひとつだ。たくさんの機能があるが、ここでは写真の加工についてのステップを示す。

コンデジで撮影した写真の多くは、①撮影自体が傾いている、②レンズの歪曲により画像が歪んでいる、③露出不足などで階調が不十分、④照明などによって色が変色している、⑤トリミングが不適切、などの現象が当たり前のように発生している。これはPhotoshopを使って加工すれば、それなりに使える写真へと変身する。ただし、使いすぎに注意。

写真加工のための Photoshop の使い方

膨大な Photoshop（CS4）の機能のうち、まずは下記の機能の使い方を覚え、写真加工の基礎テクニックを身につけよう。最初にマニュアル本を手に入れ、次の各テクニックをマスターしよう。

▶写真の傾きを修整する　⇒　レンズ補正

メニュー＞フィルタ＞変形＞レンズ補正とプルダウンメニューをたどると、レンズ補正のウィンドウが開かれる。右に表示されたパネルの一番下の「変形」の中に角度を打ち込むことで、傾きが補正できる。

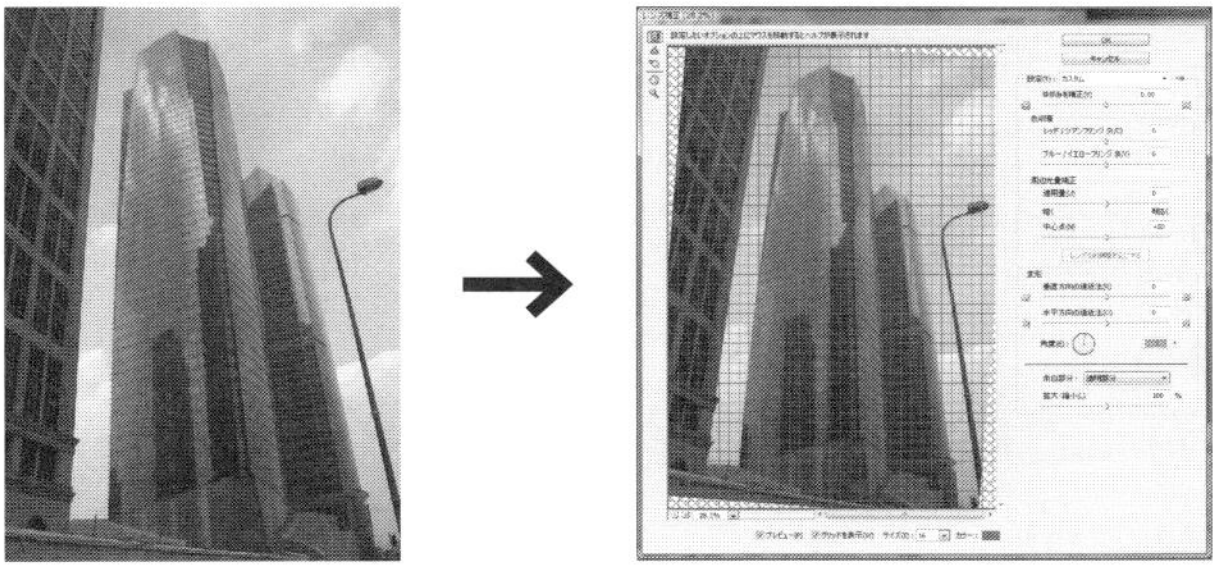

▶レンズの歪曲補正　⇒　レンズ補正

上記同様に、メニュー＞フィルタ＞変形＞レンズ補正とプルダウンメニューをたどり、レンズ補正のウィンドウが開く。上段の設定のパネルの最上段の、「ゆがみを補正」のスライダを左右に動かし、画面のゆがみを修正しよう。

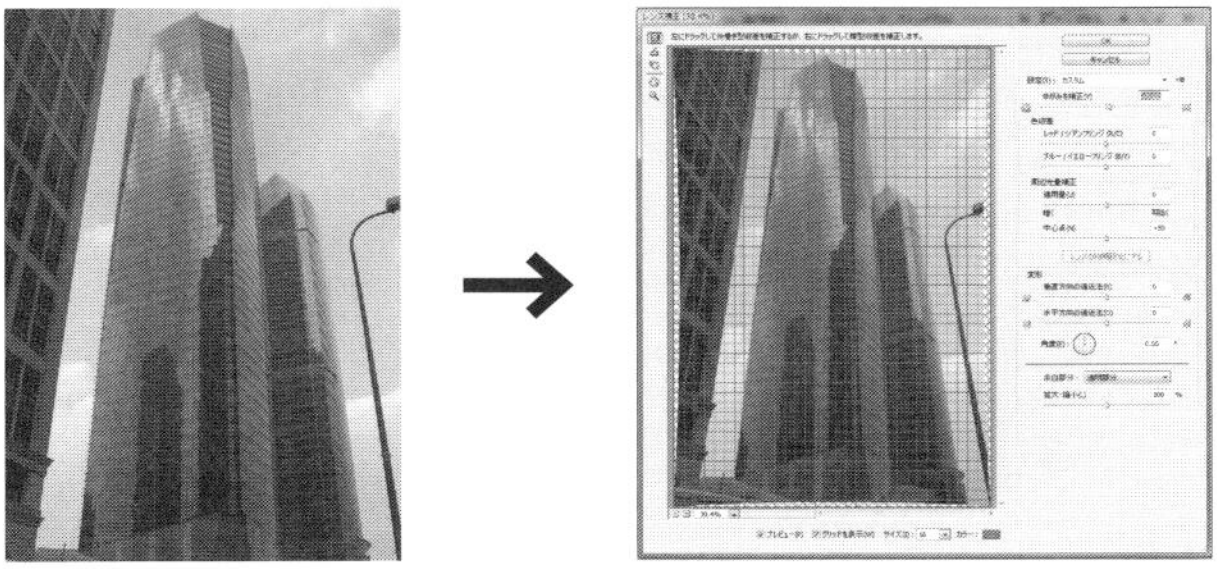

▶階調の不足を補正　⇒　レベル補正

メニュー＞イメージ＞色調補正＞レベル補正に入り、上下のグラフを利用して、階調を調整していく。

上段真ん中の三角形を左に動かすと中間色が明るくなり、逆に右に動かすと暗くなる。両端の三角形は、それぞれどの明るさ（暗さ）までを白と（黒と）するかを設定するもので、これにより不足する階調を擬似的に深めることができる。階調不足、明るさ不足などのときには、「明るさ・コントラスト」ではなく、レベル補正を上手に使うのが基本だ。

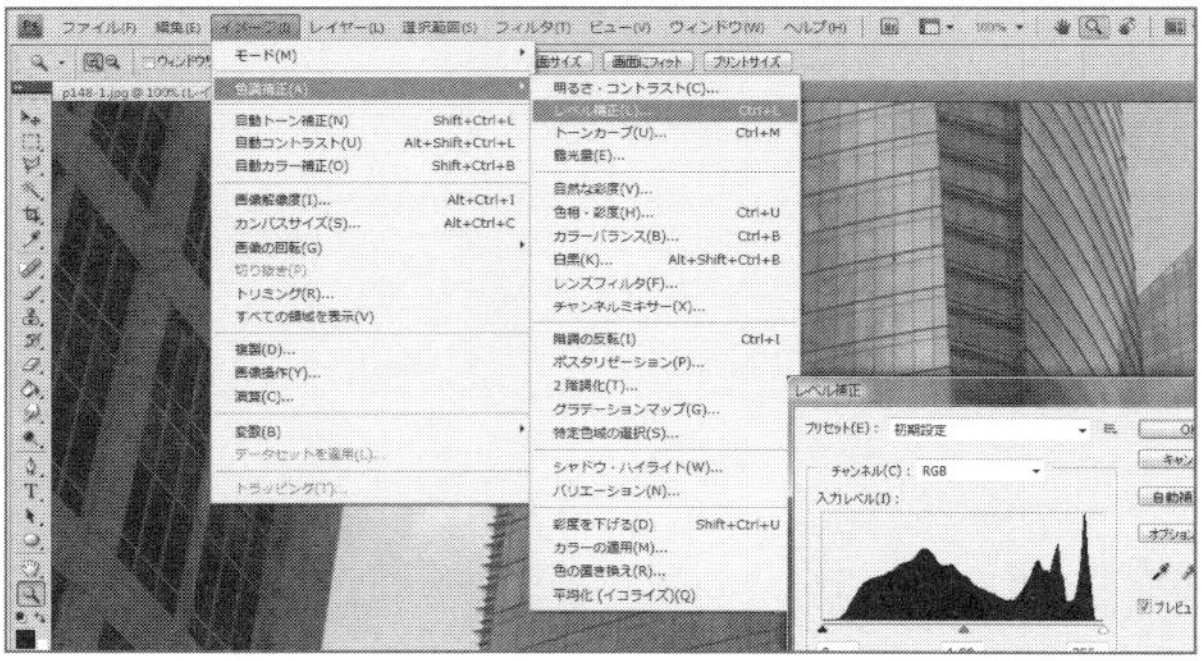

▶色の変色補正

色のコントロールは、少々厄介だ。基本的には次の４つの機能を使って補正していく。
①トーンカーブ、②カラーバランス、③レベル補正のスポイトツール、④色相・彩度。

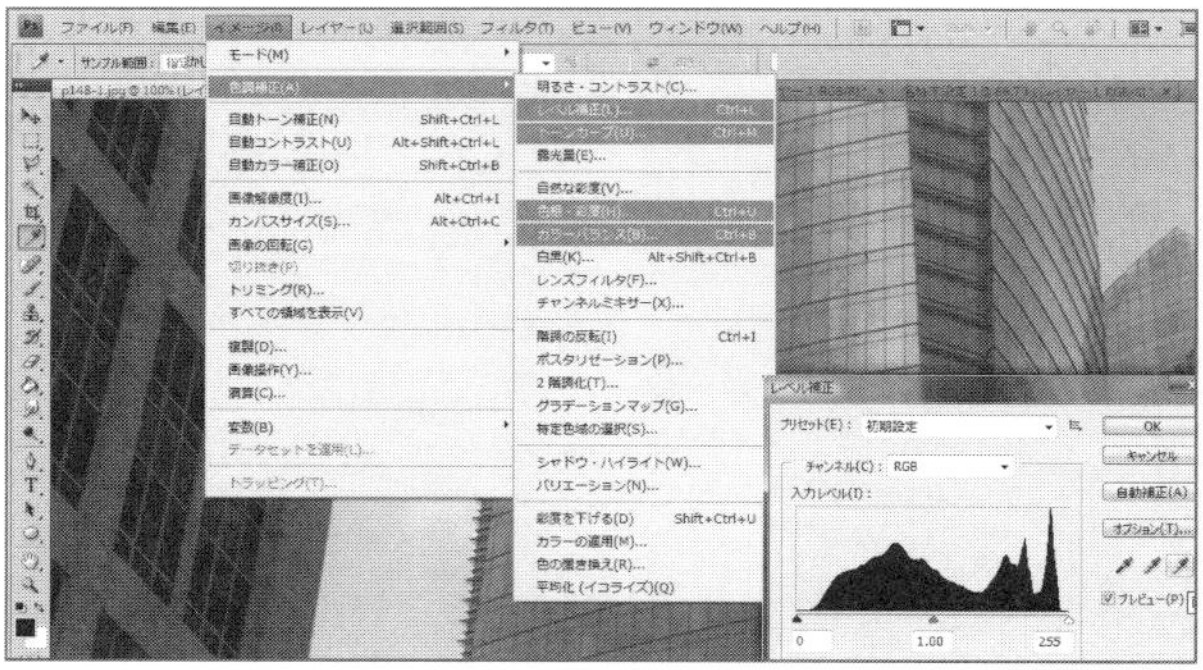

▶トリミング

これは簡単だ。ツールパレットからトリミングツールを選択して、①長方形の対角1点目をクリック、②対角の2点目でクリック、③最後に長方形の内側でダブルクリックすれば OK だ。

▶調整レイヤ

調整レイヤを使えば、レベル補正や、トーンカーブなどの補正が、オリジナルのデータをいためることなく、何度でも操作できる。ぜひ使い方を覚えよう。

Section 3-22

プレゼンテーションをまとめる

せっかくのデザインも、人に正しく伝えなければ日の目を見ない！

デザインも、ひとりでは完結しない作業だ。必ず依頼者たるクライアントがいる。自らの魂を込めたデザインも、クライアントに理解され、受け入れられなければ日の目を見ることはない運命にある。

模型や図面、パースやCG、そしてそれらを取り集めたプレゼンテーションパネルは、自らのデザインを伝えるための重要な道具であるとともに、その取りまとめ作業自体もひとつのデザインであるといえる。

基本的にチェックすることは3つ。①自分の伝えたいことは明確か、②受け取る立場から考えてそれが伝わるか、③意図したことが形になっているか。

自分の考えがまとまっていないようじゃ伝えようがないし、聞く人の立場にならないと伝わらない。気持ちだけじゃなくて、それらが形になっていなければ意味がないのだ。

クライアントへの説明

慣れないうちはどうしても緊張する。すべてを説明しようと思わず、せいぜい3つにとどめることだ。あとは、質問に答えることに専念すれば、心に余裕がもてる。説明されるほうだって、一度にたくさん説明されるよりも、質問に答えてもらうほうが頭に入れやすい。

プレゼンのまとめ方

世の中、特にビジネス書と呼ばれる分野には「プレゼンテーション」のマニュアル本がたくさんある。みんなが悩んでいることがわかる。

建築のプレゼン製作の基本は、身の回りにたくさん転がっている。漠然と見るのではなく、何かを感じたら、それを読み取り、分析してみるのが重要だ。

コンペや課題のプレゼンを見る

コンペのプレゼンテーションパネルは、建築家が精魂を込めた、生きたプレゼンテクニックの宝庫だ。まずは見学をして、気に入った案をざっとピックアップ。次に、漠然と見ただけで、自分は何が読み取れたのかを分析してみると、そのプレゼンテーションパネルのテクニックが理解できる。

公開コンペだけではない。学校課題の優秀者のパネルも同様に分析してみよう。特に「自分と同じ提案なのに、なぜかあいつだけが評価された」という事態に遭遇したら、最高のチャンスだ。原因はプレゼンの違いにあるかもしれない。徹底して分析してみると自分のプレゼンの弱みがわかるだろう。

コンペ情報が掲載された出版物を見る

アイデアコンペなどは、優秀作品が雑誌に掲載される。自分も応募したコンペであれば、悔しさをぐっとこらえ、当事者意識を活かしつつ、上位案のプレゼンを分析してみよう。上位案は、いずれもほんの数枚のドローイングから、アイデアの骨子が明確に読み取れるものばかりであるはずだ。読み取りの際には、審査員の講評も役に立つ。

また、『future Arquitecturas』のような専門雑誌も、世界中のコンペから優秀な作品のプレゼンを紹介している。ぜひ読み込んでみよう。

Section 3-23

ポートフォリオをまとめる

自分の仕事を反芻して精度を高め、表現力を身につけよう

課題やプロジェクトの取りまとめには、莫大なエネルギーを要する。しかし、修行の道はさらにその先にある。提出した課題やプロジェクトを、今度はプレゼン抜きでも人に説明できるような作品集＝ポートフォリオとしてまとめてみよう。

ポートフォリオの作成は、自分の課題を反芻《はんすう》して、問題点を見出し、精度を高めていくための重要なプロセスだ。作業中はあいまいだった点も、この繰り返し考える作業の中でクリアになれば、次の課題への力となる。

学校での修行中に経験できる課題の数は、驚くほど少ない。ポートフォリオをまとめることで、グラフィック面での表現力や、テキストをまとめる能力も磨くことができる。そして何よりも、完成度の高いポートフォリオは、留学や就職の際の重要なツールになる。手は抜けない。

ポートフォリオのまとめ方

ポートフォリオは、そのまとめ方自体が建築デザインのプロを目指すうえでの、スタンスや能力を示すものとして受け取られる。デジタル時代のメリットを活かして、取りまとめ方の工夫も試みることが大事だ。ここでは、ポートフォリオの代表的な事例を紹介する。

A4判クリアファイル

課題の提出物に手を入れ、A4判サイズにプリントアウトして、取りまとめたもの。最初のポートフォリオはこれが適切だろう。小型なので、多くの作品を取りまとめるにも都合がいい。

難点は、図版などが小さくて迫力に欠ける点だ。特にオリジナルがA1判などで、それをただA４判に縮小したようなものは、まったく見づらいし迫力を欠く。A４判なりに、レイアウトを組み替えることが重要になる。レイアウトしたデータをPDF化しておけば、メールによる送付なども簡単にできる。

課題が終わるごとに取りまとめ、各学年の最後に見直し、就職や留学の機会に再度手を入れることができれば、完成度は自然に上がってくるはずだ。

完成したら、友人や先輩に見てもらい、感想を聞いてみよう。独りよがりでわかりづらいポートフォリオから脱却するための近道だ。

製本したポートフォリオ

さらに進んで、一冊の本として製本したポートフォリオも最近では多く見かける。表紙や紙質、レイアウトなど、A4判クリアファイルに比べて、はるかにデザインセンスが問われる形式で、完成度の高いものは確実に強い印象を与えることができる。一方で、内部に掲載された作品の質が低いと、逆に「装丁に気を使う前に、建築家としてやることがあるだろう」と思われてしまう。諸刃の剣ともいえる。

製本までせず、単一のプロジェクトごとに数ページのパンフレットの形式で仕事を取りまとめることも効果的だ。竣工など仕事の区切りにパンフレットを作成し、友人や雑誌社の方々に配布して、自分の仕事を見てもらうケースは、プロになっても多い。

マルチメディア

課題の図面のほとんどが CAD や３次元 CAD で描かれ始めたのだから、デジタルデータの特徴を活かして、マルチメディアでポートフォリオを作成する機会も今後はどんどん増えるだろう。
PDF ファイルの作成はあまりにも簡単なので別にすれば、プロの世界でもっとも広く使われているのは、PowerPoint や Keynote によるスライドショーの作成だろう。ビデオなども張り込めるので、多彩な表現が簡単にできる。就職を前提とした面接の中でも、マルチメディアによって作成されたプレゼンが少しずつではあるが増え始めている。BIM などの３次元設計が学生の間でも一般的になるにつれ、マルチメディアでなければ表現できないようなアイデアも増え、ポートフォリオのマルチメディア化が進むかもしれない。
一方で、マルチメディアの場合は受け取る側のリテラシーの問題や、ポートフォリオ全体を簡単にざっと見ること、つまりブラウジングができないという欠点もある。紙ベースのポートフォリオとの適切な役割分担を考えておく必要があるだろう。

原図

デジタル化が進んでいる世の中だからこそ、手書きや原図にこだわる人も多い。

Ａ１判いっぱいに描きこまれたフリーハンドのスケッチや、巧みに着彩されたドローイングなどは、見ていて楽しい。また小型のスケッチブック形式のプレゼンも目を見張るものに出くわすことがある。スケッチは、明らかにうまい人と、へたな人がいる。うまいならば、手書きのドローイングやスケッチを積極的に取り込んだポートフォリオもいいだろう。

CAD であっても、雑誌の図面のように縮小されたものではなく、大判の紙に緻密に描かれたドローイングを原寸大で出力して綴じ込んだポートフォリオも魅力的だ。デジタルを介しているとはいえ、リアルなサイズなものには、リアルな迫力があるからだろう。Illustrator と印刷機の解像度を踏まえた戸田ツトムの仕事のような、デジタルを活かしきった繊細さを携えたドローイングが建築の世界にも現れてもよさそうな気がするのだが。

iPhone & iPad

チャンスがどこに転がっているかなんてわからない。いつでも自分自身の作品をまとめたポートフォリオをもち歩き、チャンスがあればいつでもプレゼンテーションができるように準備をしておきたいものだ。

実は多くの建築デザインのプロが、自作のポートフォリオを iPhone や iPad でもち歩いている。友人に最近の仕事を見せたり、クライアント候補となる人々に自分の仕事を売り込んだりするためだ。特に iPhone 上のポートフォリオが活躍するのは、旅行や出張のときだ。電車や飛行機の中で出会った人に、自分の作品を紹介したり、海外の建築家と出会った際に自分の作品を見てもらうことをきっかけに関係が深まる。

実は僕自身もそんな経験をした。先日もスペインに出張の際に、飛行機で隣に座ったオーストラリア人とつたない英語で話をしていた。彼も建築家であることがわかり、すかさず iPhone を取り出し、ビジュアルコミュニケーションを開始。話は盛り上がり、以後メールで連絡を取り合う仲になった。BIM 先進国であるオーストラリアの情報を提供してもらったりしている。iPhone という情報デバイスが、フェイス・トゥー・フェイスのコミュニケーションの場でも役に立つというのが面白い。

Section 3-24

即日設計で頭角を現す

建築デザインの基礎的リテラシーが問われる

限られた時間の中で、アイデアを出し、建築として取りまとめ、それを人に伝えられるように表現することは、プロの建築家にとって基礎的なリテラシーのひとつである。

このリテラシーを端的に問えるものとして「即日設計」があげられる。就職試験に際しても、即日設計を課している設計事務所は多い。ポートフォリオからは読み取りづらい基礎的な設計力のリテラシーを見るためだ。最終のアウトプットも重要であるが、アイデアが固まるまでのエスキスにこそ、リテラシーの差異が明確に現れる。

設計はチーム作業であるが、最初のステップは、みんなでもち寄るスケッチであり、限られた時間の中でアイデアをひねり出すプロセスは、まさに即日設計そのものである。即日設計で頭角を現すことができるリテラシーがプロの世界では必須なのだ。

何日もかけてアイデアを練り上げるのと、即日設計とでは、必要なコツが少々異な

即日設計の制限時間

即日設計の時間はまちまちだが、通常は2時間から、長くても6時間程度。この限られた時間の中で、課題を読んで理解し、コンセプトを組み立て、自らの考え方を図面で示さなきゃならない。最初はとても難しそうに思えるかもしれないが、繰り返し練習することで、作業スピードとスケッチ力は上がる。普段の課題でも、ファーストスケッチを即日設計に見立てて、時間を決めて描いてみると、実力はメキメキと向上するはずだ。

る。建築のプロにとっては両方が必要なのだ。即日設計のコツについて簡単に解説しよう。

①集中力

締め切りまでの限られた時間の中で、設計を取りまとめるためにもっとも必要なものは、何よりも集中力だ。クライアントの前で、数分間でアイデアを搾り出すには、集中力が必要である。集中力を鍛えるためには、即日設計に繰り返しチャレンジし、その場で確実にアイデアをひねり出そうとする強い意志力を磨く必要がある。

②アイデア力

時間が限られている状況の中では、コンセプトを緻密《ちみつ》に練り上げる時間はない。まずは、アイデアをひねり出し、最適と思われるものをチョイスする判断力が必要となる。これには112ページで紹介したブレインストーミングのようなアイデアを出す訓練を日頃から繰り返し行なうことが不可欠だ。有名建築家のアトリエが、優秀な建築家を輩出するのは、建築家との対話が、実はこのアイデアをひねり出す最高の機会になっているからだ。

③表現力

即日設計では、ＣＡＤやＣＧに表現を頼れない。フリーハンドのスケッチだけだ。しかし上手なスケッチだけが表現ではない。

かつて丹下健三率いる丹下研究室では、優秀な若手建築家たちが自らの案をそれぞれ繊細なスケッチで描いていたところ、巨匠丹下は極太のマジックインキのペンで、繊細な線が見えなくなるような大胆なスケッチを重ね描きして一蹴した、という話を聞いたことがある。

うまいだけが表現ではないが、普段から自らの個性を活かしたスケッチ力を磨いておく必要はある。

日本橋室町野村ビル（東京都中央区）の最初期のスケッチ。

卒業設計に挑む
つまずかないための3つのポイント

即日設計が、集中力、アイデア力、表現力を磨くための即興詩であるとしたら、その対極にあるのは長編小説にもたとえられる卒業設計だろう。構想力、スケジュール管理能力、統率力といった、これまたプロの建築家に求められるもうひとつの側面を鍛える絶好の機会だ。

実際にプロの世界では、小型の住宅ですら、卒業設計を超える長期のプロジェクトであるのが普通だ。スケジュールを立案し、それにしたがって仕事を進めていく管理能力が必要になる。そして、これまでも何度も書いてきたように、プロジェクトは多くの人々のコラボレーションによって成立している。

後輩を率いて製作にあたる卒業設計は、統率力が試される場だ。そして何よりも、実社会では、課題を自ら設定するという構想力が作品の質を大きく左右する。卒業設計もまったく同じだ。

卒業設計の参考書籍

『卒業設計で考えたこと。そしていま』五十嵐太郎編（彰国社）
『卒業設計で考えたこと。そしていま<2>』五十嵐太郎編（彰国社）
『建築系学生のための卒業設計の進め方』日本建築学会編（井上書院）
『卒業設計コンセプトメイキング』松本裕著（学芸出版社）
『卒業設計日本一決定戦　Official　Book』仙台建築都市学生会議編ほか（建築資料研究社）

学生たちの就職用のポートフォリオの中にある卒業設計を見ていると、陥りやすい、いくつかのパターンが見えてくる。

- 卒業設計のテーマ、課題が絞り込めていない
- テーマに対する問題設定があいまいで、デザインが単なる形態の遊びに陥ったり、意味のないものが精緻に表現されているだけになっている
- 気がつくと時間だけを浪費している

自分自身の卒業設計を思い出してみても、同じような点につまずき、思ったような成果を出せなかった気がする。

ここでは、プロである僕らが日々の設計活動の中で行なっている方法のうち、卒業設計にも役立ちそうな手法を、①構想、②スケジュール管理、③統率の3つのカテゴリーに分けて紹介しておく。

①構想力

・テーマと問題設定を一行でまとめてみる

大上段に構え、テーマ設定や問題設定を行なおうとした瞬間、脳みそは凍りつく。

一行で書けるシンプルなテーマと、それに対するやはり一行で書けるシンプルな問題設定から始めてみよう（僕らの作品である「木材会館」では、「都市建築における木材の復権」であった）。112ページで紹介したマインドマップや、ブレインストーミングの手法を活かして、シンプルなテーマや問題設定を整理していくうちに、テーマの本質が見えてくるに違いない。

・即日設計をやってみる

いきなり、入念に練り上げられたものなんて構築できない。卒業設計となると、とかく肩に力が入ってしまいがちだ。まずは、思いついた敷地で、テーマを前に問題設定を行ない、フリーハンドスケッチでまとめる作業を繰り返してみよう。1日1案……いや3案ぐらいスケッチしてみよう。卒業設計の初期の段階で、腕を組んで「うーん」とうなり始めて、動きが取れなくなったようなときにこそ効果的だ。指先から発想されるものがあることを思い出そう。

・オルタナティブをつくる

ひとつの案に決め込もうとするから、アイデアが出てこなくなる。126ページで紹介したようにオルタナティブをつくろう。複数案を吐き出し、比較検討する中で、やりたいことが見えてくる。

木材会館での問題設定

木材会館の設計にあたっては、明治維新以降の西洋化の中で木造建築が燃えやすく危険な建築として位置づけられ、日本は木造建築の長い歴史をもちながら、都市部から大型木造建築を駆逐してしまったという問題意識があった。
この意識の下に、「本当に木材建築は、燃えやすく、危険で、都心から駆逐されるべきものであったのか」という問題設定を行なったところ、十分な厚みをもって使えば木材は燃えづらく、また火災時に危険なのはむしろ煙であり、煙に対する対処がしっかりとなされていれば、木材を使った建築も、安全であるとの視点が開け、「都市建築における木材の復権」というテーマへとつながっていった。

・メンターや友達と語り合う

リラックスしてものを考えるには、人と話しながら考える方法も有効だ。友人は卒業設計のライバルかもしれないが、同じ問題を抱えた仲間でもある。卒業設計のテーマや問題設定について語り合ってみよう。会話が盛り上がれば、あっという間にテーマ設定もできるかもしれない。語り合う相手はメンターでもいい。教授の中間チェックも、忌み嫌わず、語りながら考える場へと組み替えてしまおう。

・図やダイアグラムで考える

テーマや問題設定がある程度固まってきたら、それを図やダイアグラムにしてみよう。建築は実体であり空間を伴う。時にすばらしいテーマ設定や問題設定ができても、実際の建築にはしづらいものもあるはずだ。ダイアグラム化は、テーマや問題設定の最初の可視化＝ビジュアライズだ。これがスムーズにできれば、建築化も可能な場合が多い。ここまでくれば、テーマ、問題設定、そしてコンセ

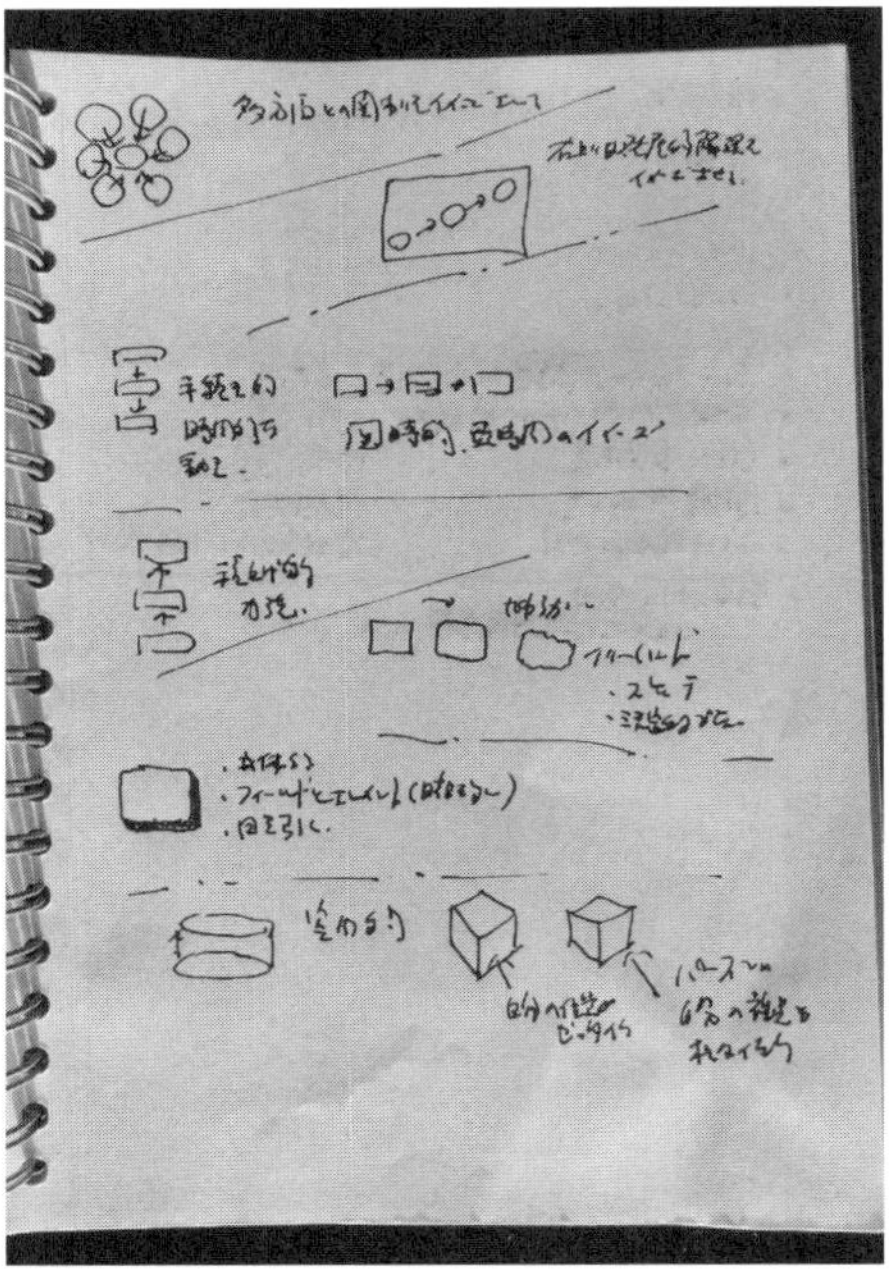

目的に最適な部屋のつながりを、ダイアグラムで検討したもの。

プトが明らかになってくる。

・模型で考える

模型が得意だったら、模型で考える。自分の得意なスタディ方法は徹底的に使いまわそう。言葉にならないコンセプトは、先に形態や空間へと置き換え、再度それを言葉に戻して整理し、コンセプト化していけばいい。ここまでくると、建築的なアイデアとして、卒業設計のアウトラインが見え始めるはずだ。

・モデリングで考える

テーマや問題設定に対して、自分が立案したコンセプトやダイアグラムに物足りなさを感じるときがある。そんなときは、モデリングの出番だ。自分の尊敬している建築家になりきり、彼だったらこの問題をどう捉え、どのように建築化していくかを、「なりきり建築家」として考えてみよう。自分の固まった考え方から抜け出せるきっかけになるかもしれない。

・類似施設で考える

設計はとかく机上の空論に陥りやすい。自分の考えが空回りし始めたと思ったときには、設計しようと思っている類似施設まで、スケッチブックをもって出かけてみよう。そして、建物だけではなく、そこに行きかう人の行動も観察してみよう。観察から得られる視点は、ひとりで腕を組んで考えている視点とはまったく異なった経験的なそれを提供してくれるはずだ。

②スケジュール管理力

・一冊のスケッチブックに記録をつける

スケジュール管理の最初の一歩は、記録を取ることだと僕は思っている。まずはスケッチブックでもノートでもいい。卒業設計の経緯を記録するノートをつくる。スケッチも、日記も、アイデアも、この一冊のノートに記録しておく。似たようなアイデアに戻り始めたら、ページをめくり、なぜそのアイデアを捨てたのかを確認するだけでも、無意味な逡巡《しゅんじゅん》は減るはずだ。

・スケジュール表をつくる

スケッチブックの最初には、とりあえず卒業設計開始から、完了までのスケジュール表をつくって貼ってみる。詳細なものはいらない。最終提出物＝アウトプットを設定して、少なくともいつまでにアイデアを固めないと提出物の作成ができなくなるか、がスケジュール設定になるだろう。

・アウトプットを決める

最終提出物＝アウトプットを見定めることは、スケジュール立案のうえで大きな要素になる。まずは、必要な図面のリストアップ、模型やCGの作成の有無、コンセプトシートなどその他の提出物を決めてリストアップする。

スケッチブックの、スケジュール表の次のページに一覧表形式で書き出し、それぞれのアウトプットに表現すべき内容を書き出してみる。今までの課題提出の経験から、それらアウトプットの製作には、何日ぐらいの時間と人手を要するかを想定し、スケジュール表へフィードバックする。

・チーム編成を考える

アウトプットの概略が想定できたら、それを作成するために必要な人材を想定する。多くの場合は、人材の数が先に決まっているかもしれないから、目安の人材とアウトプット、そしてスケジュール

ホギメディカル本社ビル（東京都港区）の内部。

表を睨み、相互に調整して、卒業設計のためのチーム編成と、アウトプット製作スケジュールを固めてしまう。

・マイルストーンを設定する

スケジュールの最後尾が固まったら、テーマ・問題設定の検討、テーマ・問題設定の絞込み、コンセプトの立案、調査、スケッチの作成など、卒業設計上の大まかな目安＝マイルストーンをスケジュール表の中に定めてみる。全体を眺めて、実行可能であることを確認できればマスタースケジュールの完成だ。

・スケジュール立案はそこそこに、でも厳守する

とはいえ、重要なことは緻密なスケジュールの設定ではなく、卒業設計自体の質だ。スケジュールの設定に時間を取られすぎることは、本末転倒もはなはだしい。スケジュールの立案はそこそこにとどめておこう。

一方、一度決めたスケジュールは明らかな不備や、無理がない限りは徹底して守っていこう。必要により改良することや詳細を定めていくことは大事だが、簡単に変更しては、まったく意味をなさなくなってしまう。

マイルストーン
道しるべ、節目という意味。プロジェクトにおいては、中間報告日や検査日などチェックポイントのことを指す。

③統率力

・自信があれば強引に引っ張る

生まれつきリーダーシップを発揮できる人、人を引きつける魅力をもった人は確かにいる。自分がそんな人だという自信があるならば、いつものように後輩を強引に引っ張り、卒業設計をガンガン進めていこう。

・一緒に考える

リーダーシップに自信がなければ、一緒にチームを組んでいる人の能力を最大に活かすことを考えよう。他人の能力を見定め、相手をリスペクトすることが基本だ。卒業設計のアイデアですら、語り合い、一緒に考えてもいいだろう。

もちろん、自分が得るものがあるのと同様に、チームメンバーにも卒業設計を通して何らかの得るものがなければいけない。「もちつ、もたれつ」の精神が基本だ。

・神輿《みこし》に乗る

究極の統率力は「神輿に乗る」ことだろう。いざ卒業設計となったら、「僕らが○○先輩の卒業設計を支えよう」という後輩が、そこここから集まり、本人は後輩が担ぐ神輿に乗るように卒業設計が進められる形式だ。

さすがに卒業設計時点で、神輿に乗れるようなカリスマ性を放つ人は少ないが、その片鱗《へんりん》を感じさせる人材はたまに見かける。おそらく、巨匠と呼ばれているような建築家は少なからずこの能力を身につけているはずだ。

・甘える

もうひとつの究極のカリスマ性は、「甘える」という行為だ。これは何も女性の特権ではない。僕の後輩の中にも、なぜか同僚や後輩に好かれ「仕方ないなー、○○さんが大変そうだから、みんなで手伝おうか」と、人を自然に柔らかく動かしてしまうタイプがいる。憎めないし、同性から見てもかわいいのだ。これからの時代の新しい統率力のかたちかもしれない。

第4章 実務で建築をつくる

木材会館　（東京都）
山梨知彦＋勝矢武之　日建設計

「課題」と「実務」の違い

この章では、学生時代の課題と、実務におけるプロジェクトの違いについて説明をしたいと思っている。

最初の違いは、「クライアント」の存在だろう。学校の課題には、デザインを依頼しお金を払うクライアントは存在しないが、実務においてクライアントは強大な力をもって僕らの前に存在する。彼らからの依頼が設計のスタートになる。これがまず大きな違い。

次は、「施工者」。実務では設計意図を施工者に伝え、実際に建物をつくってもらわなければ完成しない。課題とは異なり、ひとりでは完結し得ないのだ。

そして、「法律」と「コスト」という制限。これらも課題には存在しないが、実務のプロジェクトでは大きな存在だ。実務で建築をつくるためには、これらも常に考慮していく必要がある。

乃村工藝社本社ビル（東京都港区）

クライアント
建築の世界でクライアントというときには、建物の設計を依頼する建物のオーナー＝施主となる人物、もしくは法人を意味する。住宅の場合は個人が多いが、オフィスビルなど大型の建築では、会社などの法人がクライアントとなるケースが多い。

Section 4-1

実務における図面の構成

建築意図を説明するだけではなく、契約書としての意味が大きい

学校の設計演習の課題では、図面の目的は、自らの設計意図を伝える手段としての意味が大きかった。実務でももちろん同様の役割はある。しかしそれ以上に、実務における図面には、契約書としての役割が大きい。

たとえば、クライアントと設計者の間には、「設計監理業務」の契約が取り交わされる。その契約に基づき基本設計書や実施設計図書がつくられる。クライアントと設計者だけの関係を見れば、これらの設計図は、確かに設計意図を伝える役割が大きい。しかし実施設計図書は、クライアントが施工者と「工事請負契約」を結ぶ際の最重要の契約書類となるのだ。

つまり、建築を実際につくり上げる、クライアント・設計者・施工者の3者が存在する関係では、設計図は常に契約書類として位置づけられている。非常に責任が重い書類であることをまず自覚しなければならない。

▶実施設計図

施工者との契約のために作成する図面で、設計意図とともに、建築各部の性能など、詳細な情報を記載した図面である。図面は多岐にわたるが、その詳細は本書 139 ページに紹介した通りだ。

日本の建設産業の慣習上、実施設計図はそのままつくるための図面ではなく、むしろ設計意図を施工者に伝える契約書としての意味が大きい。したがって実際の施工にあたっては、さらに現場段階で施工図が描かれることになる。

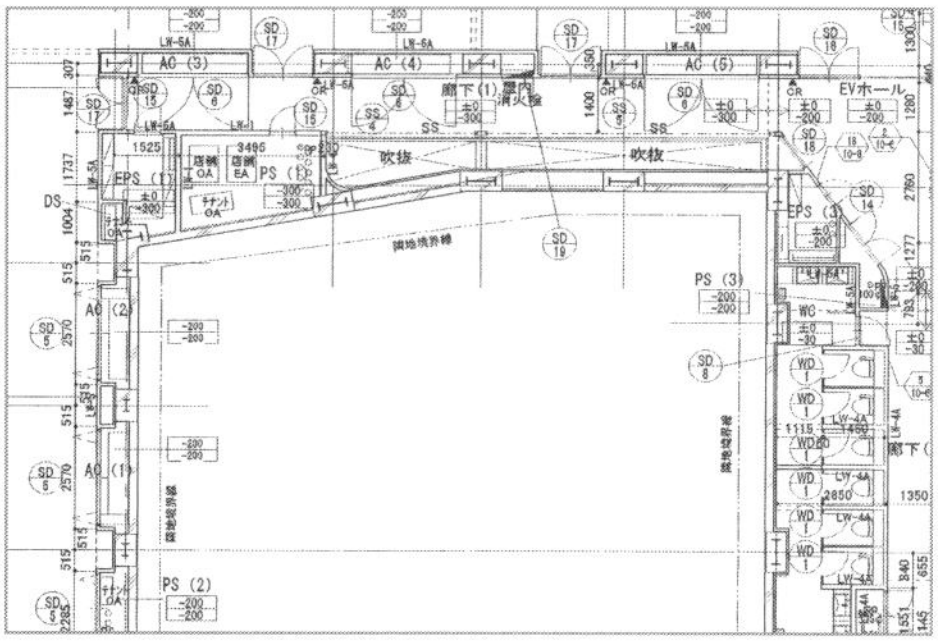

▶確認申請図

建築基準法の定めにより、建築物は着工以前に建築確認申請を行ない、許可を受けた後施工が開始できる。このために作成するのが確認申請図である。建築デザインのプロにとって、実施設計図と並んで法的な責任を負う、非常に重要な図面である。

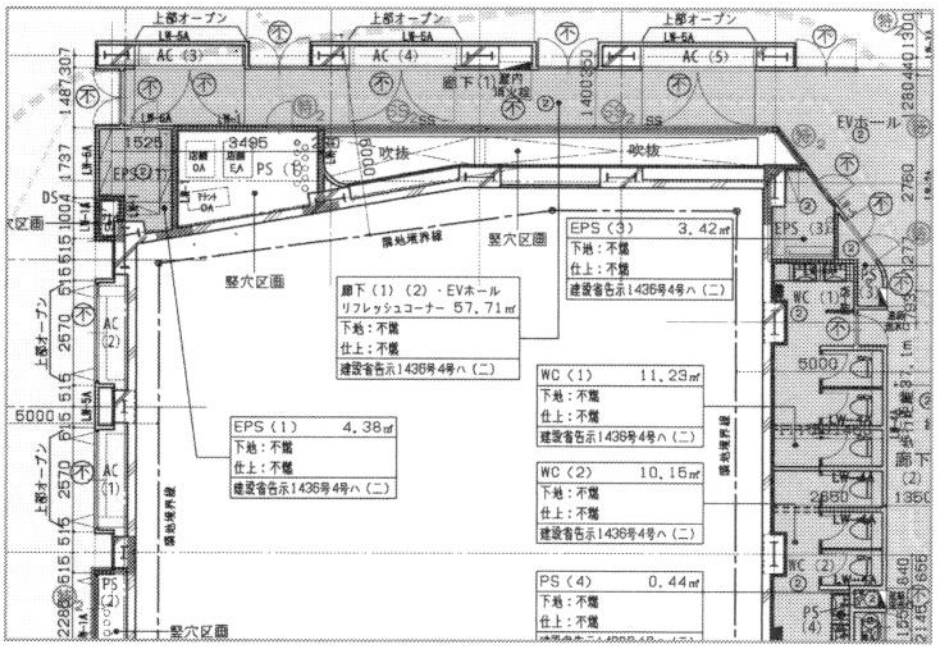

実務における４つの図面

図面の構成自体は、本書の中ですでに触れてきた項目である。ここでは、それを再度おさらいしよう。

設計の実務においては、おおむね時系列にそって、下記のような名称の図面を作成する。

▶基本計画図

建築の初期構想をまとめた図面。作成しない場合もある。

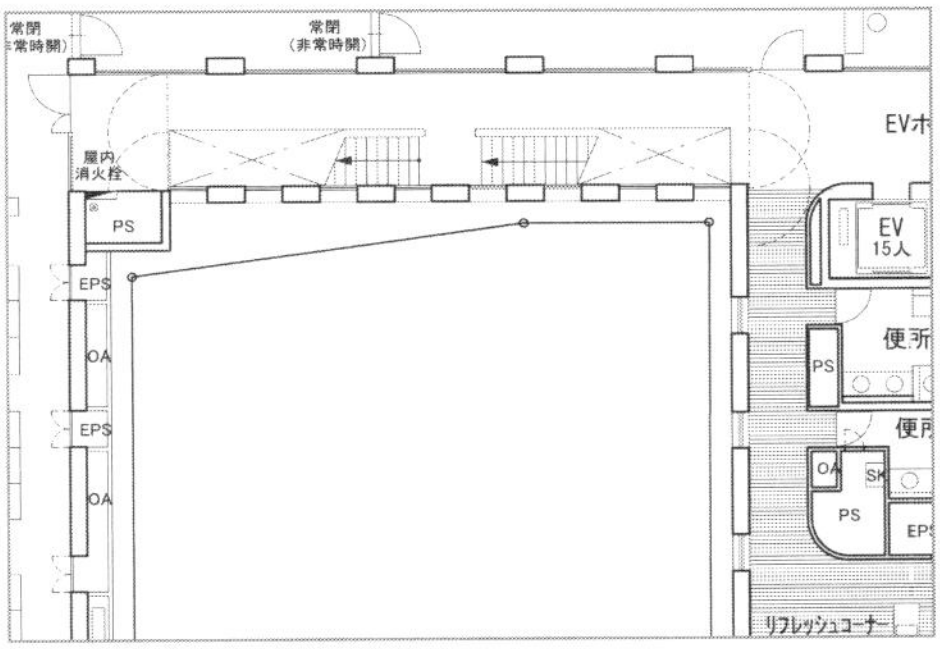

▶基本設計図

建築のデザインの基本的な骨格を説明する図面。学校での課題は、おおむねこのレベルの図面を描いていると思えばいい（本書の 132 ページを参照）。
意匠設計以外の、構造設計や設備設計は、この段階では図面ではなく性能や考え方を文章や図で示したものを用いる場合が多い。

設計意図を伝えるため、本書 120 ページで解説したコンセプトなどを図と文章で解説するページを加えるのが普通である。また事業上、必要となる面積表、概算工事費の資料なども添付される。

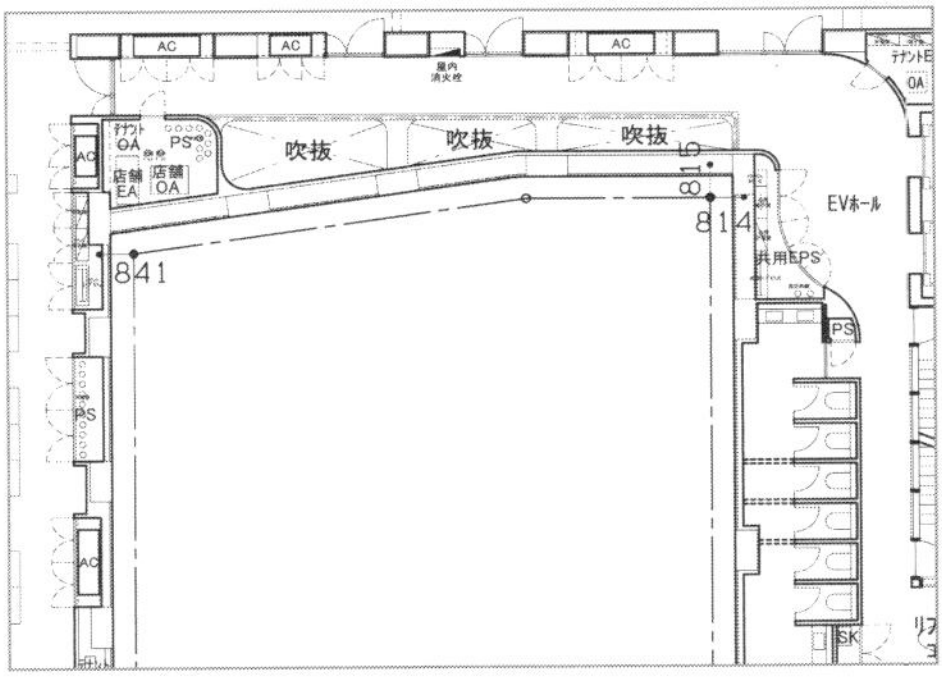

Section 4-2

実務のための現地調査 プロの仕事で、法的な間違いは許されない

学生のときの現地調査も、プロになってからのそれも、原則として同じだ。したがって本書96ページに記載した項目が調査の基礎になる。

一方で、プロとして仕事をするということは、あなた自身が建築士の資格をもっているか否かという問題とは別に、クライアントはあなたが所属している設計事務所に、建築家として法的な責任を求めていると捉えなければならない。デザイン的な側面はもちろんのこと、プロとして仕事をする以上は、法的な間違いは許されないのだ。

したがって現地調査にあたっても、法的に必要な事項を見落とさないようにチェックし、必要により関係省庁と打ち合わせを行ない、敷地がもつ法的な制約を正確に把握する必要がある。

意外にありがちなのは、「敷地自体が確定されていない」ケース。都心の入り組んだ土地での確定は困難である場合もあるので、注意が必要だ。

敷地が確定していない

土地は、登記所が管理する公図によりその形状が確定されているはずであるが、実際の土地の境界線とは異なっていることがあり、その差異が数々の問題を生むことが多い。民間同士の区分のみ並び、道路などの公共用地との境界すらあいまいであることがたびたびある。土地の所有の境界が明確にならない限り、建築計画や建築確認申請の際の敷地の境界が確定できない。また土地が非常に高額な財産であるために「境界の確定」のために時間を要することがしばしばある。

現地調査の勘所

デベロッパーなどの「不動産のプロ」から仕事を委託されるケースではめったにないが、大企業であっても一般のクライアントから仕事を依頼された場合に、敷地自体がきちんと法的に確定されたものになっていないケースがある。不明確な場合は、土地のプロである測量事務所へ測量と敷地の確定状況の確認を依頼するように、クライアントにお願いする必要がある。何か不安要素を感じたら、先輩に即相談だ。

敷地の確定

敷地図をクライアントからもらっても、敷地の境界が明確に確定されていない場合も多い。法的には敷地の所有と確認申請者が別であっても許されるのだが、大型のプロジェクトなどで総合設計などの許可申請を行なう場合には、敷地は境界確定がなされていることが原則である。

現地に出向いて、敷地境界の周囲に境界を明示する杭がない場合には、クライアントに敷地境界の確定状況についてヒアリングし、そのあたりの事情を飲み込んでおく必要がある。

道路らしきもの、インフラらしきもの

敷地を見に行ったとき、クライアントが示した敷地図の範囲に、道路らしきもの、水路らしきものなどがあったら要注意だ。これらが本当の道路や水路である場合には、これらを改廃しない限り敷地が確定しない。敷地が確定しないと、確認申請が提出できないから、プロジェクト自体が成り立たない。また敷地には形跡がなくても、地籍上は、道路や水路が存在するという厄介な場合もある。

敷地の確定状況も含め、こうした敷地に関わる事項を事前に明確にしておくためには、測量事務所が作制した敷地図をクライアントから手に入れることが重要だ。

大型プロジェクトでは、敷地測量をした測量事務所に（クライアントを通して）依頼して、敷地が法的に確定できているかの確認や、敷地現況の高低差、周辺の道路幅員、上下水道などのインフラの位置なども敷地図に一括して記載してもらうことも多い。

Section 4-3

スケジュール表の意味
プロの仕事には、常にタイムリミットがある

プロとしての仕事となると、スケジュール表はなおさら重要になってくる。なぜなら、プロの仕事場ではひとつのプロジェクトに複数の人間が関わってくるため、自分のスケジュールの遅延が、関係者全体に影響を与えることになるからだ。

クライアントがいて、設計者がいる。これがミニマム。通常はこれに下請関係者が加わる。組織設計事務所やゼネコンの設計部など、設計作業を単一企業で行なうなら別だが、通常は設計作業も協力事務所との共同作業だ。またパースやCG模型の作成を第三者に外注することもあるだろう。

だからこそプロとして建築デザインの仕事には、常にタイムリミットが設定されているし、それは契約書にも明記されているため、作業の遅延が法的な責任を問われることに直結する。

特に設計期間におけるスケジュール立案とそのマネージメントは、プロの建築家で

ある意匠設計者がになうことが、日本の慣習になっている。プロジェクトが始まったら、建築デザインのプロが最初にすべき仕事は、スケジュール表の作成と言っても過言ではないのだ。

スケジュール表には、「誰が」「いつ」「何をすべき」かが最低限表記されていなければならない。

通常は、「いつ」を示す時間軸を横軸にとり、月単位もしくは週単位の目盛りを打つ。

縦軸は、大きく「クライアント」「設計者」「申請」「施工」などの作業を大項目に分け、さらに「基本計画」「基本設計」「実施設計」などの小項目に分解する。

次に、「基本計画書の提出／承認」「基本設計書の提出／承認」「実施設計書の提出／承認」「確認申請提出」「見積依頼」「契約」「着工」「竣工」など、スケジュールを立てるうえでの要となるマイルストーンを記載する。

最後に重要なのは、これらの諸関係の中で、全体のスケジュールを確定している要因のつながり＝「クリティカルパス」を見出すことだ。このクリティカルパスに遅延を生じさせないように全体をマネージメントすることで、プロジェクトを円滑に進行させていくことも、プロ建築家の重要な仕事なのだ。

クリティカルパス
開始から終了までをつなぐ一連の作業のうち、全体の期間を決定してしまうルートのこと。前作業が終わらなければ次の作業に進めない関係にあるもののつながりで、全体のスケジュールを決める重要な流れを指す。

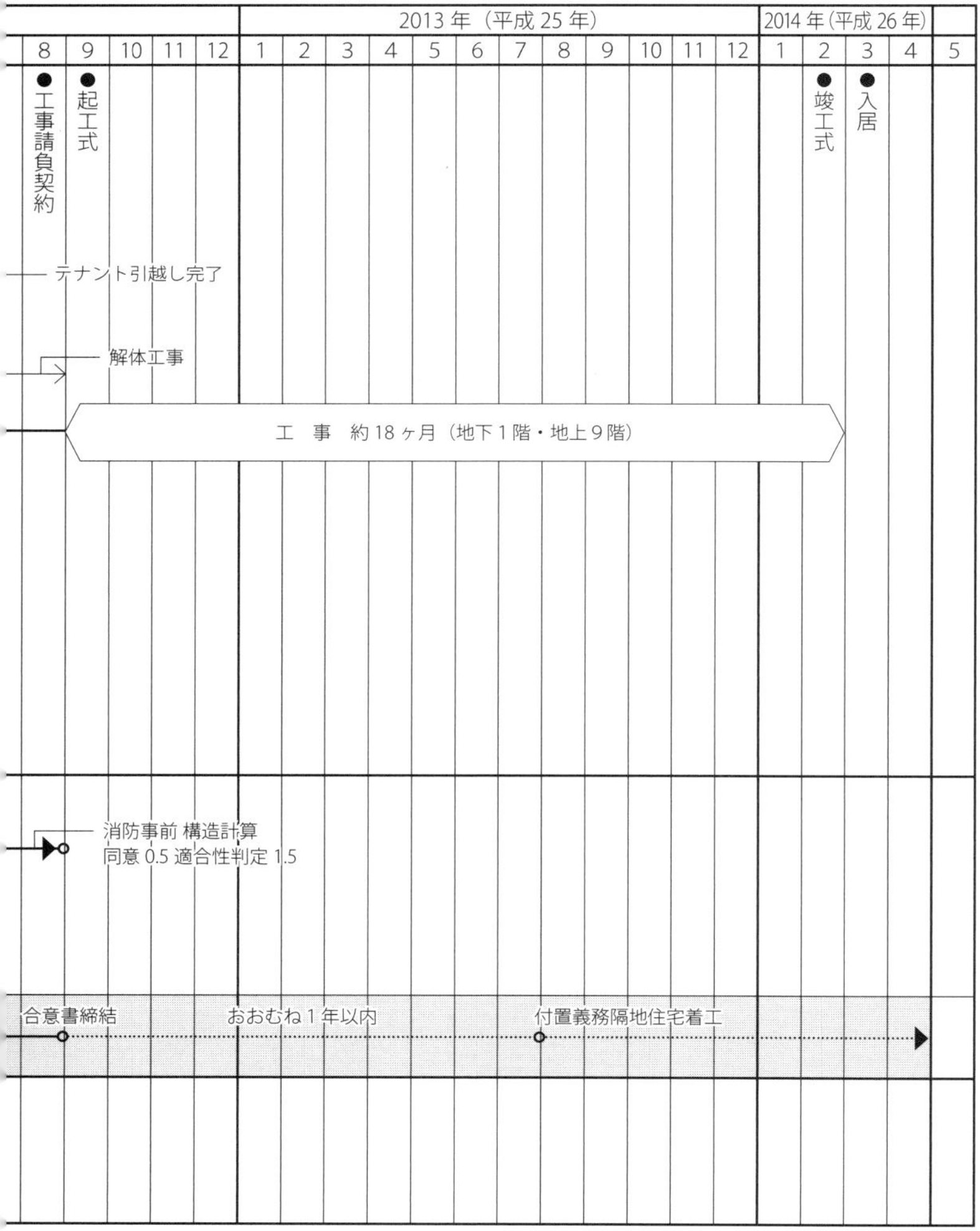
2013年（平成25年）
2014年（平成26年）
8
9
10
11
12
1
2
3
4
5
6
7
8
9
10
11
12
1
2
3
4
5
●工事請負契約
●起工式
●竣工式
●入居
テナント引越し完了
解体工事
工　事　約18ヶ月（地下1階・地上9階）
消防事前同意0.5
構造計算適合性判定1.5
合意書締結
おおむね1年以内
付置義務隔地住宅着工

あるプロジェクトのスケジュール例

某不動産／（仮称）某町 3-3 計画　全体スケジュール検討資料

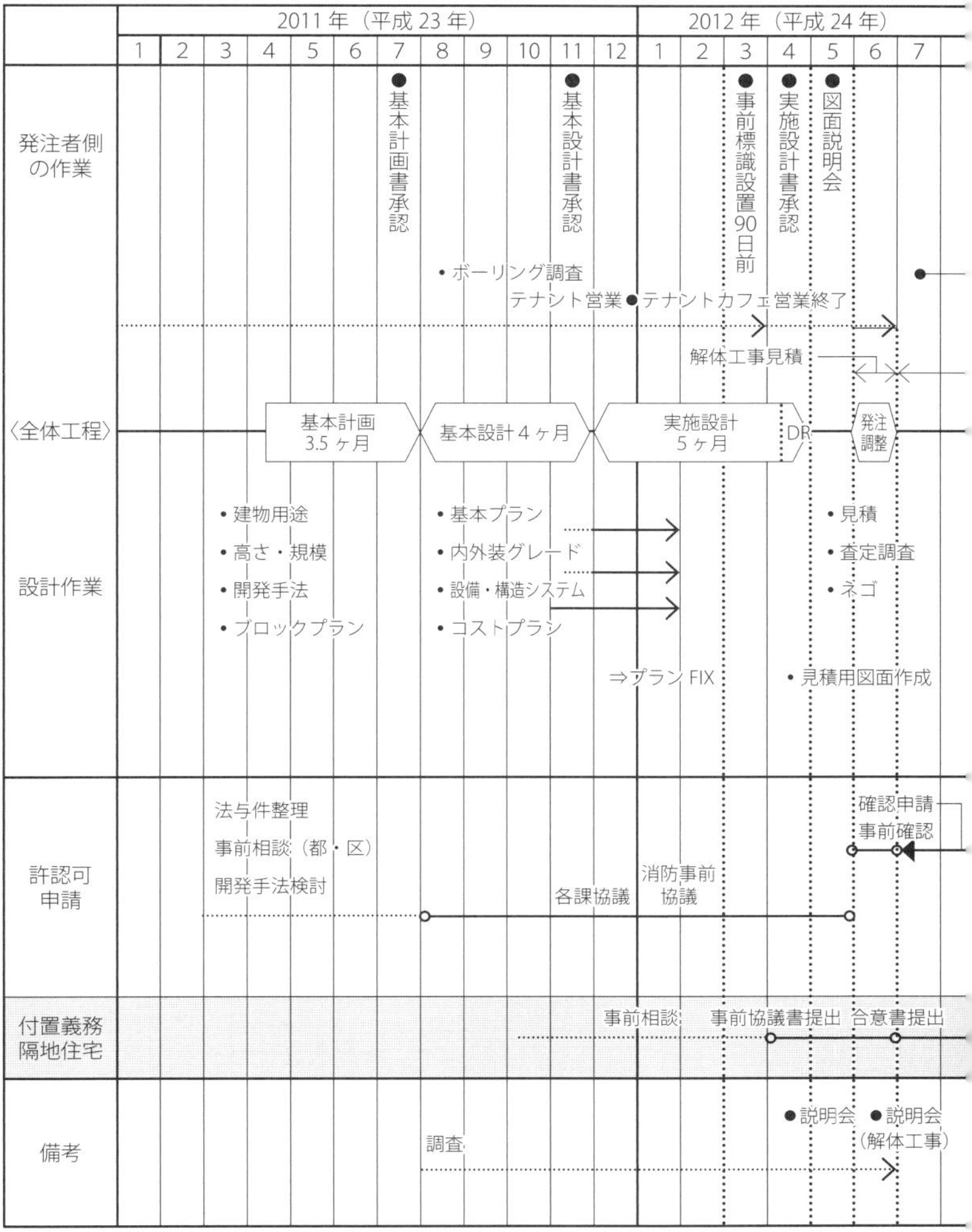

Section 4-4

見える化、ビジュアライズ、シミュレーション

今後重要になるのは、見えないものを見えるようにする技術

建築デザインの仕事の基本は、機能やクライアントからの要求、そして自らの理念を形にして見えるようにすることにある。したがって、「見える化」とか、「ビジュアライズ」と呼ばれている、ものを見えるようにするという考え方は建築デザインの領域でも、非常に大きな意味をもつ。

建築デザインの仕事の中でのビジュアライズを、僕自身は大きく3つに分けて捉えている（88ページ参照）。

①やがて見えるものを前倒しでビジュアライズする
②見えづらいことをビジュアライズする
③実際には目で見えないものをビジュアライズする

今現在、目で見えないものを見えるようにすることの意味は多く、これら3つはど

れもデザインを進めるうえで大きな力になる。

この中でも特に、3つめのビジュアライズは、急速に建築デザインの中で占める位置を拡大している。これがシミュレーションである。

ここでいうシミュレーションとは、コンピューターを使って、目では決して見ることができない、建物やその周辺の風の流れ、自然光の変化、またこれらが総合して引き起こす温度変化などをビジュアライズすることで、建築のデザイン行為に、これらの影響を取り込む一連の作業を指している。

たとえば、風がコンピューターによってビジュアライズできれば、建築計画の変化により風の流れがどのように変化するかをシミュレーションし、計画に反映させることができる。なんとなく「風が通りそうだ」という頼りない判断と、シミュレーションを介した「こうすれば風が通る」というデザインでは、大きく結果が異なるだろう。

建築のシミュレーションの多くは、コンピューター上のバーチャルな3次元空間の中で行なうので、146ページで紹介した3次元設計であるBIMは、ここでも力を発揮することになる。

2

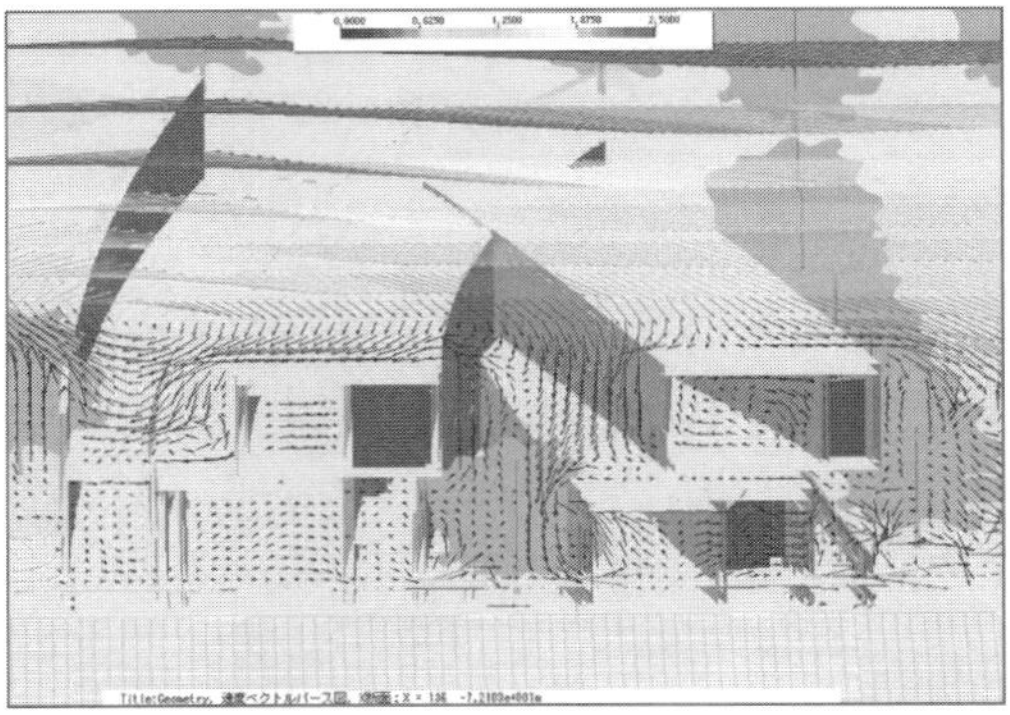

3

4

風速のシミュレーション

CFD（Computational Fluid Dynamics コンピューター流体解析）を使えば、建物周辺にどのような速度で風が流れるかをシミュレーションすることができる。

下記は、ホキ美術館の設計に際して、周辺に流れる風の様子をシミュレーションしたもの。結果は色つきの❶コンタ図（同じ風速となるゾーンを同じ色で塗りつぶした図）で表示できる。ここでは色が濃い部分ほど風速が弱いことを表している。

このシミュレーションを見ることで、周辺の風速を上昇させないためには、建物の形状をゆるい円弧状にすることが効果的であることが確認できた。また、建物のボリューム相互の間にスリットをとると、空気が効果的に流れることが❷で確認できた（中庭の樹木を生育させるために空気の流れが必要であった）。

このことが、ホキ美術館の最終的な形状（❸・❹）を決めるうえで、決定的な要素となった。

（協力　Autodesk 社、３DI、株式会社環境シミュレーション）

❶

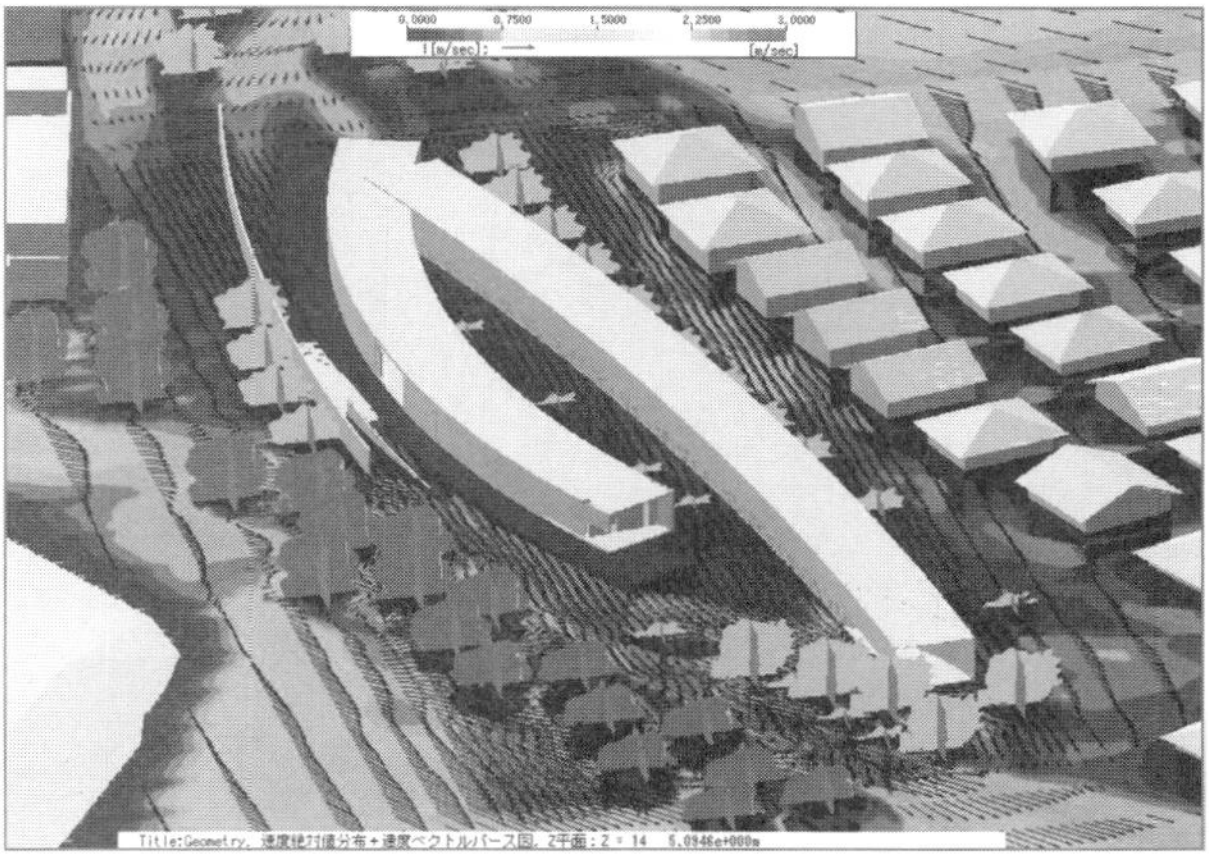

Section 4-5

学校では教えてくれない　防火区画、防煙区画、区画図の意味

実務では防火、防煙区画を意識しなければならない

設計事務所に入所して、やがて実施設計を行なうことになったとき、戸惑うもののひとつが「防火区画」や「防煙区画」を記載する「区画図」の概念だ。

この区画が整理できない限り、各部の壁の性能が決められず、実施設計が進められないし、区画図ができない限り確認申請が提出できない。それほど基本的な概念でありながら、なぜか学校では教えてくれないし、触れもしない。

防火、防煙区画は、火災時において建物内部にいる人員が安全に避難するために、火災や煙がいっせいに広がることがないよう、建築基準法の中で定められた概念である。

良好な参考書がないため、通常は先輩がつくった区画図（確認申請図書）と法令集とをにらめっこしながら、区画の検討を行ない、経験的に区画計画のコツをマスターする。ここではそのアウトラインを示しておこう。

防火区画の概念

建築基準法施行令112条に規定されたもので、火災を一定の広がりの中でとどめるために、防火性能をもった床、壁、建具などで区切ることを指す。

防火区画は、大きく次の3つに区分できる。

①面積区画：一定の面積ごとに防火区画を取ることで安全な建物にするためのルール

②竪穴区画：縦に吹き抜けた、階段やエレベーターシャフトなどは、火災が建物に拡大するための弱点となりかねないため、竪穴部分は防火区画を取ろうというルール

③異種用途区画：たとえば駐車場と事務所といった用途が異なる部分は、火災に際した安全性やもつべき性能も異なるので、安全性の視点から防火区画を取り、それぞれ異なる性能のものは切り離しておこうというルール

防火区画と防煙区画の図面例

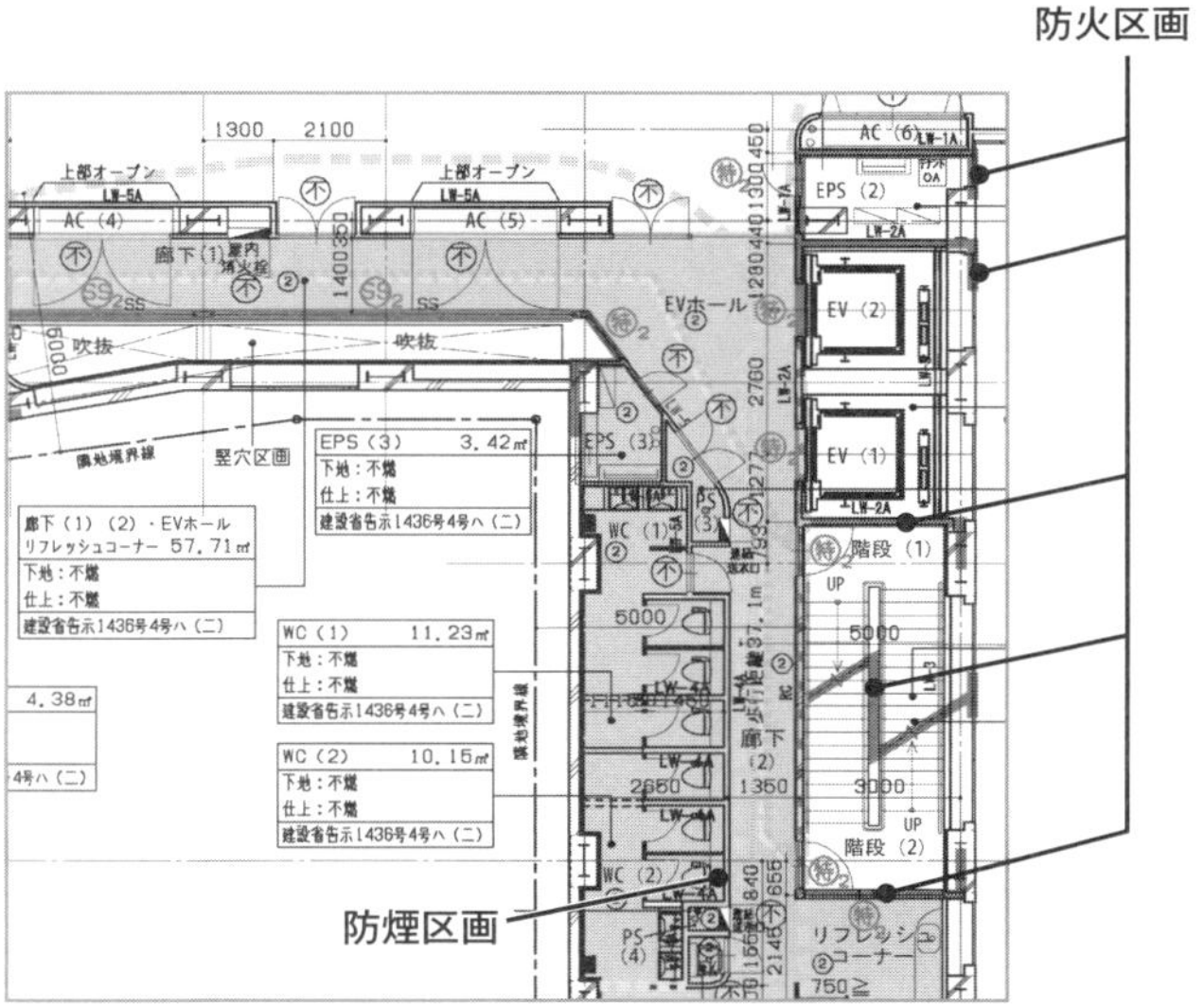

防煙区画の概念

建築基準法施行令126条によって定められている「排煙設備の設置・構造」に基づき規定されたもので、火災の際に生じる煙を一定の広がりの中でとどめるために、防煙壁や防煙垂れ壁（煙は上にたまるため、垂れ壁も区画になり得る）などで区切ることを指す。

通常の仕様規定で設計を行なった場合は、500㎡ごとに防煙区画が必要であり、大型の建物などの場合には区画が設計の実態とはそぐわない形で発生してしまった。

現在では、建築基準法が変更され、性能規定により設計をすることが可能になった。避難安全検証法を適用して性能が検証された場合には、500㎡を突破して区画を設けることができる。

区画図の作成にあたっては、事務所内にある同種の施設の区画図を用意すること、その区画図を作成した先輩のアドバイスを受けることが基本。

複雑ではなく経験的に概略が学べるものだけに、実務の世界でも明確な理解のもとに計画している人は少ない。最初に担当したプロジェクトで、徹底して勉強してみるのもいいだろう。

Section 4-6

確認申請について
建築家が、建設行為に先立ち行なうべき法的な手続き

正式には「建築確認申請」といい、建築基準法の第6条に基づく申請行為である。クライアントが実際に建物を建てるためには、(一定規模以上の建物の場合には)建築士もしくは建築士事務所に依頼してこの申請を行ない、確認済証の交付を受けなければならない。つまりプロの建築家の、重要な仕事のひとつなのだ。

2005年に発覚した耐震構造計算偽装問題、いわゆる「姉歯問題」の後、建築確認申請は厳密化が進んでいて、申請期間は長期化している。また申請後の変更も難しくなっている。建築士、つまり我々プロの建築家を見る社会の目が大変厳しくなっていることの証だ。申請に先立っては、手戻りが生じないように、関係機関との入念な事前打ち合わせが必要である。

確認申請の手順

確認申請も、地方によっていろいろとローカルルールが多い。これを突破するため

には、事前に入念な協議をすることが大切である。ここでは、確認申請を行なうまでの標準的な手順をまとめてみた。

①事前協議

建築確認申請に先立ち、行政各課と必要な事前協議を完了しておくことが求められる。最近では、たらいまわしを防ぐために、協議が必要な関係各課を一覧形式で示したリストを提示してくれる行政庁も多い。確認申請の窓口となる部署で、指導をしてくれるケースがほとんどなので、最初に訪ねるのは確認申請の受付先の窓口ということになる。消防署や所轄警察（道路切り下げや駐車場出入口など）との協議も必要な場合がほとんどだ。

②事前手続き

事前協議とは別に、確認申請までに種々の手続きを進めておくことを求められるケースが多い。多くは事前協議の中で諸手続きが指導される。

③確認申請の提出

かつては、確認申請の受付は行政のみで行なわれていたが、今では民間申請機関も選択できる。一般には、民間申請機関のほうが申請期間が短くて済むが、申請費用が高いといわれている。事前に情報を集め、最適な申請機関に申請しよう。

④ルートA～C

建築基準法の性能規定化の流れを受けて、建築確認申請の道筋は、大きく3つに分かれている。

建築基準法に定められた仕様規定による申請は「ルートA」と呼ばれ、もっとも一般的な申請ルートだ。

これに対して、性能規定化の流れを受け、避難安全検証法により、基準法と同等以上の安全性にあることを計算で示した申請を行なうものを「ルートB」と称している。

さらに、国事で定められた避難安全法以外の方法を利用して基準法と同等以上の安全性を示し、国土交通省の認定を受ける方法を「ルートC」と呼んでいる。

一般にルートAからCに向かうほど、設計の難易度は上がる。

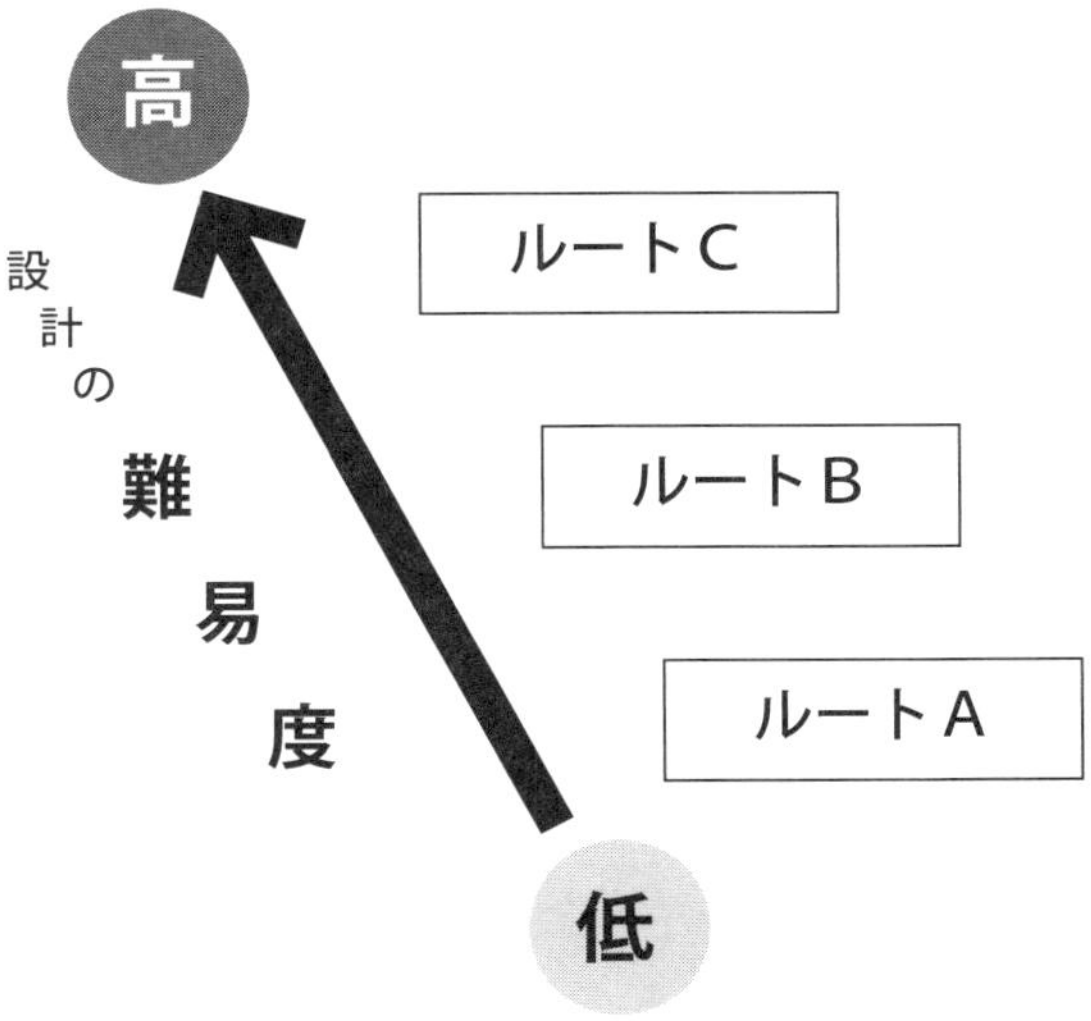

Section 4-7

発注行為について
クライアントが施工者に工事を発注するのを手伝う

建物をつくるのは、施工者。工事費を支払うのは、クライアント。しかし、プロの建築家の仕事は、「実施設計図をつくって終わり」ではない。クライアントが施工者を選んだり、最終的に契約を結ぶときに手伝うのも重要な仕事だ。

特に重要なのは、施工者を決める段階だ。施工者を選ぶにあたっては、通常は複数に声をかけて比較検討を行ない、その中からベストと思われる施工者を選定する。通常は同じ条件の図面を渡して比較検討するわけだから、もっとも工事費を安く見積もった施工者に工事を発注する。

この段階では、低価格かつ健全な発注を目指して、さまざまな試みが行なわれている。

ここでは、その中の代表的な発注形式を紹介する。発注形式は、「工事金額の決定方式」と「工事の区分方式」の2つの要因で決まる。

■発注の工事金額の決定方式による分類

・競争入札

　国および地方公共団体の建築工事は、会計法により、原則として競争入札によって決定しなければならない。通常は実施設計図に加えて、これを元に作成した設計書と呼ばれる書類を、複数の施工者に提示して、施工者は工事金額を入札する。民間工事では、設計書の製作にコストと時間がかかることなどから、競争入札が行なわれることは稀である。

・見積合わせ

　実施設計図を複数の施工者に提示して、工事の見積書の提示を求める方式で、民間工事ではもっとも一般的な発注方式。設計書の準備が不要なため、見積もりに要するコストと時間の短縮が可能である。通常は最低価格の施工者と契約を行なう。設計者は、見積もり内容が適正であるかをチェックする必要がある。

・随意契約

　競争入札や見積合わせのような競争は行なわず、一社のみの見積もりを見て契約する方式。クライアントと施工者の間に長期にわたる信頼関係が構築されている場合や、追加工事などの場合に多い契約形式。

■発注の工事の区分方式による分類

・一括発注

建築工事、設備工事を分離せず、一社（ゼネコン）に発注する方式。民間工事に多い（34ページ参照）。

・分離発注

建築工事や設備工事を分離して、それぞれ別の施工者に発注する方式。官庁工事では一般的（35ページ参照）。

・コストオン

何らかの方法で、サブコンとは工事金額を決定しておき、そこに経費を加算する方式でゼネコンと一括して工事契約を結ぶ方式。工事発注量の多いデベロッパーなどに多い形式。

桐朋学園大学アネックス（東京都調布市）

デベロッパー

大規模な開発を行なう不動産業者。再開発事業、大規模な宅地造成、リゾート開発などの事業を取りしきる団体・企業のこと。

Section 4-8

総合図、施工図のチェック

監理段階では、総合図と施工図のチェックが重要

施工段階に入ると、プロの建築家は、「監理業務」を行なう。実施設計図に示された意図通り施工者が建物をつくっていくかを見届ける業務で、建築士法にも示されているプロの建築家の大事な仕事なのだ。監理業務は広範であり、まともに説明すると一冊になる。ここでは、監理業務における重要な仕事である総合図と施工図のチェックについて触れておこう。

総合図は、設計時に、バラバラに描かれている意匠図、構造図、設備図を一枚の図面に描き落とし、施工に当たって図面相互の調整を図る役割がある。

施工図は、総合図によって調整した内容と実施設計図を元に描く、個別の工事のための図面である。両方とも施工者サイドによって描かれるが、描かれた図面が設計の意図や実施設計図に反していないかをチェックするのは、監理者、つまり建築家の仕事だ。

▶施工図

コンクリート工事や、建物を構成する部品の製作のために描かれる図面。ものづくりの要となる図面だ。

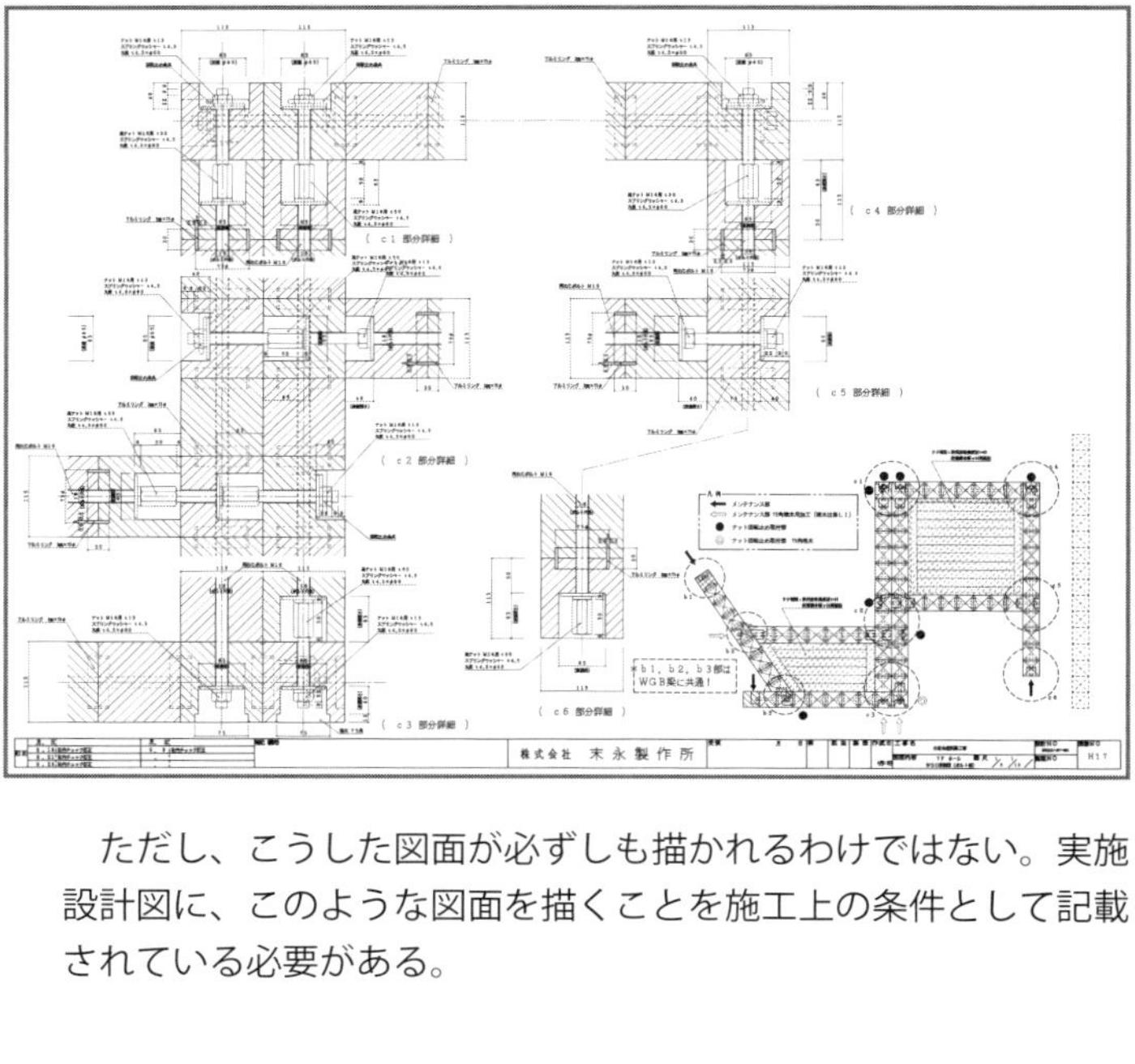

ただし、こうした図面が必ずしも描かれるわけではない。実施設計図に、このような図面を描くことを施工上の条件として記載されている必要がある。

実施設計図・総合図・施工図を見比べる

実際に、３つの図面を見比べてみよう。

▶実施設計図

これが設計者が描いた実施設計図（意匠図）。意匠以外の情報は描かれていない。

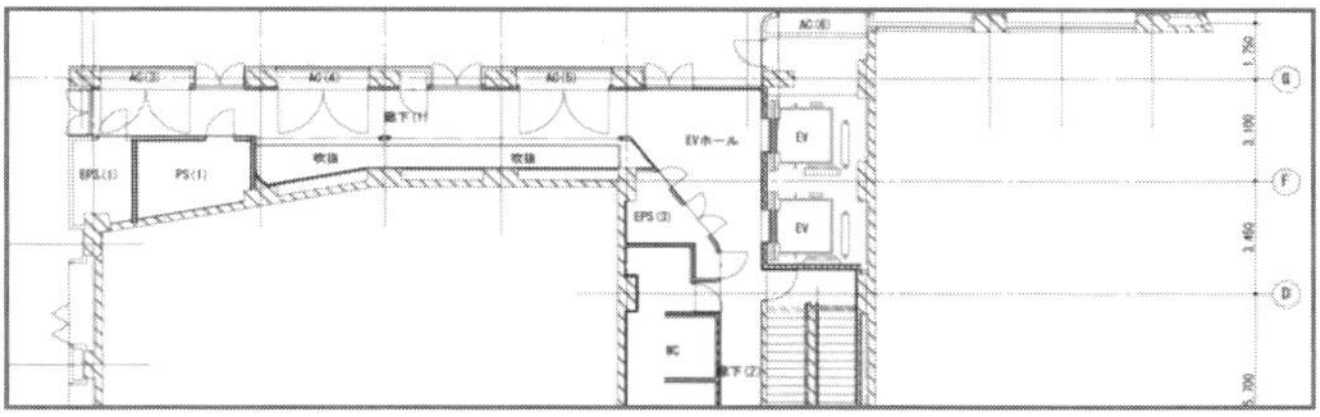

▶総合図

意匠図をベースに、構造やコンセント、照明器具、吹き出し口などをひとつの図面に施工者が描き、相互の関係（取り合い）を設計者と施工者が調整する作業のベースにする。

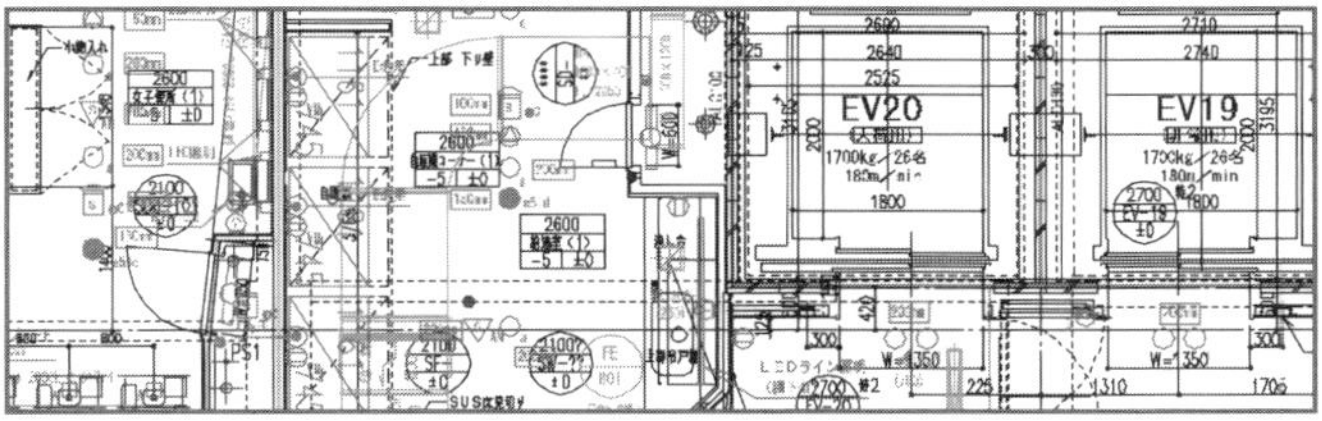

Section 4-9

モックアップを確認する
プロだって、つくってみなきゃわからない

大型のプロジェクトでは、施工図の大まかな検討を終えた時点で、重要な場所を選び、「モックアップ」と呼ばれる原寸の模型をつくる。ビル建築の外装部分など、ひとつの工事の中で繰り返しつくる場所で、かつ工事ごとに特殊なデザインをする部分を抜き出してつくることが多い。

通常は「見かけ」をチェックするため、金属部分など製作時間がかかるところは、木材などでつくり、実際の材料に似せて色を塗る。ガラスの部分などは、イメージを左右するので本物の材料を使ってつくる場合がほとんどだ。

プロの建築家とはいいながら、モックアップでしか気づけないことはたくさんある。また施工者にとっても、図面では読み取れない施工上の問題点をクリアにしてくれるメリットがある。

しかしモックアップは原寸模型であるため、高価である。学生や建築家のたまごにとっては、気軽に手が出せない。でも、どうしても必要なときはどのようにすればい

いだろうか？

●クイック・プロトタイピングの手法を流用する

厚手のスチレンボードを使って、原寸大の模型をつくってしまう方法である。アメリカのIDEOなどは、倉庫を借り切って、この手法で原寸の内装を丸ごとつくって設計検討を行なったりしている。

この手法であれば、自分たちの手で事務所の片隅にモックアップをつくることも可能だ。大まかな寸法を身体的につかむためには、かなり使える手法である。

●デジタル・モックアップの手法を流用する

もうひとつの手法は、3次元CADを利用して、バーチャルな空間の中にデジタルのモックアップを作成する方法だ。現場に入り、施工図によって決めた情報を元に、3次元CADを使ってモックアップをつくっていく。BIMによる設計手法の施工図版といってもいいだろう。僕らもモックアップをつくることが難しい場合には、よく活用している手法だ。

どちらかといえば、クイック・プロトタイピングは、大まかな寸法を身体的に感じるためのもので、デジタル・モックアップは、より広範囲なものをプロポーションや全体的なバランスを重視してチェックすることに適している。またリアルなモックアップはその中間的な位置づけになる。実は、この3つをうまく使って設計することがベストなのかもしれない。僕らも今、そんな方法を模索しているところだ。

W Projectに使用するBioskinのモックアップ。

某オフィスビルの外装モックアップ。

第5章 建築を発信する

ワールド・アーキテクチュア・フェスティバル（バルセロナ）での
神保町シアタービルのプレゼン風景

自分の仕事を世に問う

教授や友人、事務所の所長や先輩は、普段から同じ言語で建築を語っている仲間である。だから、実際の仕事には表現されていないものも含めて、無言のうちにあなたの仕事を好意的に受け止めてくれている。

だが、建築とは社会を相手にした仕事である。課題や卒業設計、プロジェクトに一区切りついたら、その仕事自体や、自分がその中で組み立てあげた建築的な理論や方法論を社会に対して問うことも、重要な修行である。

目の肥えた編集者や読者を抱える建築専門誌が、その対象のひとつになるだろう。最近では卒業設計を学校の枠を超えて、全国の学生と横並びで競えるチャンスもある。コンペやプロポーザルは、より実践的な形で仕事を世に問う機会だ。

ここでは、自分の仕事や考えを世に問うため、建築を発信する方法を考えてみよう。

某コンペのプレゼンテーション後の風景。

プレゼンテーション

繰り返しになるが、建築はひとりではできない。考えを人に伝える能力は、建築家にとって必要不可欠だが、実はこれが難しい。ドローイングでも、言葉でも、それを初めて見る・聞く立場から眺め、考えていることが正しく伝わるか否かをチェックすることが大事だ。

Section 5-1

プロジェクトを説明する

人前で説明することは、世に建築を問う第一歩だ

いくつかの大学で非常勤講師をしていると、講評会や中間チェックのたびに感じることがある。それは、「プレゼンテーションボード自体はきれいだが、説明が全然なっていない人」があまりにも多い事実だ。言葉によるプレゼンテーションが、なぜか日本では大事にされていない気がする。

いきなり海外の大物建築家のように雄弁なプレゼンを目指す必要はないし、技巧に走る必要もない。とりあえずは、人前でプロジェクトを説明するチャンスを増やすことが重要だ。学内や社内での課題の発表のチャンスには積極的に参加しよう。毎回入念な準備をして臨もう。

それでも失敗するだろう。なぜ失敗したのか？　その問いを繰り返すことが、自分のもち味を活かしたプレゼンテーションへの近道であると思える。

プロジェクトを説明するコツ

プレゼン初心者のための、プロジェクトを説明するコツをいくつか紹介しよう。

□説明する要点を絞る

「言いたいこと」はたくさんあるが、すべてを伝えようとしても無理がある。3つ、せいぜい5つに絞ろう。まずそれを確実に伝える。

□言いたいことから言おう

絞り込んだ説明の要点のうち、一番言いたいことから話してしまう。言いそびれる心配はない。時間がなくなる心配もない。

うまく言えなかったら、もう一度説明してもいい。概要説明から始める必要はない。

□質疑応答時間も自分のもち時間だと考える

言い足りなかったことは、質疑応答時間の、質問の回答のときに言ってしまおう。質疑応答時間も自分の説明のためのもち時間だと考えよう。

□準備は入念にしよう

説明の準備を入念にすることは、初心者にとって重要だ。準備しすぎて失敗することはない（準備をしたからといって成功するわけでもないが、勉強にはなる）。

□台本は準備しても、そのまま読まない

説明のための台本は入念に準備していい。繰り返し反芻しよう。

でも、覚えられないからといって丸読みをしてはいけない。プレゼンは心と心、目と目で説明するものだからだ。メモをちらっと見てもいい。でも絶対に読み上げるな。

□ハプニングも楽しむ

説明は即興演奏だ。ハプニングがあってこそおもしろいと割り切り、想定外のことが起きたら笑って楽しもう。

□最初の10回は、失敗して当たり前

プレゼンは難しい。最初からうまくいくわけがない。ぼーっとしてなんだかわからない状態で終わって当たり前。具体的に失敗箇所が頭に浮かぶようなら、うまくいき始めた証拠だ。

□デジカメのビデオモードで撮っておこう

プレゼンがうまくなりたかったら、デジカメで自分のプレゼンを撮影しておいて、後で見てみよう。悲しいぐらい意味不明な自分を見て、反省できれば上達が早いだろう。

Section 5-2

文章に考えをまとめる書くことは、自分自身の頭の中の最高の整理方法だ

たいへん失礼な話で恐縮だが、打ち明けておこう。実は僕自身、こうしてこの本を書きながら、新人社員や学生に「なんとなく」言ってきた事柄を整理している面がある。また出版を考えたら、今まで確認してこなかった事柄も、参考資料にあたって確認をせざるをえない。

文章に考えをまとめることは、自分自身の頭の中の最高の整理方法だ。そして文章を発表すれば、必ず反応が返ってくる。お世辞を別にすれば、具体的な指摘を受ける場合、ほめられることは稀で批判がほとんど。落ち込むことも多い。

でも沈んでいるだけじゃだめだ。インターネット上で繰り広げられている浅田彰さんと翻訳家・山形浩生さんのバトルを見ていると、文章を書く以上は、反論できるだけの強さをもった議論の展開が必須条件であることを痛感する。

文章を書き、発表してみよう。

文章を書いて、発信しよう

誰でも、文章を書いて、世に問えるチャンスはある。

ブログや Twitter を使いこなす	言うまでもないことだが、インターネット上には、自分さえその気になれば文章はいくらでも発表する場がある。アルファブロガーがデビューのきっかけとなる建築家が、やがて出現するだろう。
雑誌、新聞などへの投稿	朝日新聞をはじめとした一般紙にも読者の投稿欄はたくさんある。建築雑誌でも、「日経アーキテクチュア」などは「読者の声」の欄をもっている。投稿をしてみよう。 また、投稿欄をもっている雑誌だけが、読者の声を待っているわけではない。短編で鋭い論評を書けたと思ったら、建築雑誌の編集長に送ってみるのもいいだろう。どの雑誌も、若くて活きのいい書き手を探しているはずだ。
学内や社内の作品集に参加する	最近は、いろいろな会社や学校で内部の作品を取りまとめた年鑑を出版している。大体の年鑑が担当学年制を取っているようだが、先輩に頼んで自分の文章も掲載してもらおう。
フリーペーパーをつくる	藤村龍至さんの「roundabout journal」に影響を受けてか、「フリーペーパーをつくる」といった学生の姿をこのところよく見かける。 書く以上にエネルギーの必要な作業だけに、得るものも大きいのだろう。経験のない僕にはわからないのだが。
本を出版してみる	雑誌や出版物は激減しているといわれているが、Amazon などの販売ルートや、DTP による製版コストの低減を受けてか、少数出版物を刊行するチャンスは逆に増えているように感じる。 僕自身も、最初の雑誌記事や出版は、いずれもこちらから企画をもち込んだものが、編集者と話をしているうちに形が変わって、出版に至ったものであった。

Section 5-3

卒業設計を世に問う

学生時代のすべてをまとめ上げて、世に問う

卒業設計は、プロの建築家を目指す学生にとって、学生時代最大のイベントである。精魂込めた作品が、学内で評価されるチャンスだが、最近は学校という枠を超えた広がりで、卒業設計を評価する種々のイベントがある。多くが、公開審査で最優秀を選ぶ形式になっている。卒業設計を世に問いたいと思っている学生は、1年生のときからこのイベントに通ってみるといい。

公開審査は、実は審査員同士のバトルの場でもある。審査委員は学生の作品を前に、それをいかに適切に読み解き、それゆえにこの作品を推しているということを、聴衆に納得させる力が求められる。公開審査とはそうした審査員の力量を競う場でもあるのだ。

優秀な作品と同様に、審査員のコメントにも着目しよう。デザインのヒントが隠れている。

卒業設計を世に問うチャンス

いずれも出展作品を取りまとめたパンフレットや年鑑が出版されている。手に入れてみよう。

卒業設計 日本一決定戦	2003年、仙台で始まったこのイベントが、卒業設計を公開審査方式で世に問う流れをつくったことは間違いない。500点以上の作品が全国から集まり、審査会場には3000人以上の学生が集まる。まさに日本一の卒業設計イベントでもある。
学生設計優秀作品展 （レモン展）	デザイン・建築に強い画材屋であるレモン画翠（お茶の水）が事務局となって開催している歴史ある卒業設計展。最近では新企画を行なっているようで、第32回にはポートフォリオによるコンクールを企画するなど、今後も目が離せないイベントだ。
トウキョウ建築 コレクション	大学院の修士設計を集めて行なわれる公開審査形式のイベントで、2007年に始まった。修士設計のみならず、修士論文、研究室で取り組んでいるプロジェクトの展示を併設しているところが特徴。
全国学生卒業設計 コンクール	日本建築家協会（JIA）が主催する卒業設計のコンクールで、公開審査が行なわれる。
全国大学・ 高専卒業設計展示会	日本建築学会の支部共通事業として開催される、全国数十の会場を200近い作品が巡回形式で巡る展覧会。
赤レンガ卒業設計展	横浜の赤レンガ倉庫にて開催され、関東圏にある大学から卒業設計を集め、公開審査を行なうイベント。
全国合同卒業設計展 「卒、」	2004年より始まった全国を対象とした卒業設計の展示会。有名建築家による作品講評もある。学生が主体となった手づくり感のあるイベント。
AA School プロジェクト・ レビュー	イギリスのAA Schoolが毎年行なう作品講評展示会。AAの学生作品だけであるが、世界中の建築デザインのプロにとっても気になるイベント。

コンペ、プロポーザルに勝つ…その1
アイデアコンペは、若手建築家の登竜門だ

学生や若手建築家を対象としたコンペに、俗に「アイデアコンペ」と呼ばれるものがある。実際につくる建築のアイデアを募るのではなく、あくまでも建てないこと（アンビルド）を前提に建築的なアイデアを競うものだ。

優勝しても実作の仕事にありつけるわけではないので、プロの建築家が参加するケースは少ない。しかしコンペに優勝するという名誉を求めて、また自らのアイデアが世の中に通じるレベルのものであるかをサウンディングするために、多くの学生や若手建築家が参加し、激戦となるコンペも少なくない。

次ページに、伝統のあるアイデアコンペの例をいくつかリストアップしてみた。僕自身も、神保町シアタービルの計画案である「神田の寄席と映画館」がSDレビューに入選し、建築雑誌に作品のみならず、社名・個人名が併記され、その後、作品が雑誌で取りあげられるきっかけとなった。

神保町シアタービル（東京都千代田区）のエントランスホールを外部から見る。

SDレビュー	1982年に、建築家・槙文彦さんの発案で始まった展覧会。若手建築家の登竜門として人気があるイベントだが、他のアイデア・コンペとは若干形式が異なる。 まず、応募者は実施を前提として設計した自作をもって応募することが条件。主催者側は、その中から10点程度の作品を入選作として絞り込み、SDレビューという同名の展示会にて展示を行なうという形式。テーマは主催者側から決められていない。実施を前提としながらも、完成以前に応募できることの微妙なバランスから、多くの若手建築家が集まる人気のイベントとなっている。現在活躍する多くのプロ建築家が、SDレビューの入選をきっかけに、デビューしたり、躍進を遂げている。

この他にもたくさんのアイデアコンペがある。66ページで紹介した、新建築や、KENCHIKUのウェブサイト上にあるコンペ情報をチェックしよう。

外装だけでなく内部までつくり込んである。

学生・若手建築家向けのコンペ

どんなチャンスにつながるかわからない。臆せず、どんどん挑戦しよう。

新建築住宅設計競技	新建築社が主催する、世界有数のアイデアコンペ。世界中から著名な建築家を集めて審査員とし、各国の学生や若手建築家が応募するコンペだ。名実ともに若手建築家の登竜門となっている。
セントラル硝子 国際建築設計競技	通称「ガラコン」の名前で親しまれ、40 年以上の歴史をもつアイデアコンペ。ガラスメーカーであるセントラル硝子が主催している。
日進工業建築設計競技	建築防水材メーカーである日進工業が主催する、30 回以上の歴史をもち継続しているアイデアコンペ。
JIA 東海支部設計競技	日本建築家協会の東海支部が主催する、伝統あるアイデアコンペ。学生を対象にした部と、一般を対象にした部の 2 つに応募先が分かれている。

神保町シアタービルをSD レビューで発表する際につくった模型。

Section 5-5

コンペ、プロポーザルに勝つ…その2
国際コンペは、参加してこそ楽しめる祭りだ！

1983年は、僕が卒業制作に取りかかり始めた年だった。その年の「建築文化6月号」は、国際コンペの意味というものを痛感させられた一冊だ。磯崎新さんによってラ・ヴィレット公園コンペと香港ピークのコンペについて、審査状況が解説されていた。

香港ピークでは、無名のザハ・ハディドが勝ち、世界的建築家へと変貌を遂げた。ラ・ヴィレット公園のほうは、アンビルドの建築家として少し（？）有名だったバーナード・チュミが勝ち、実作をつくる著名建築家へと変身するきっかけとなった。

だが、より強く記憶に残っているのは、2位になった、当時の日本ではそれほど有名とはいえなかったレム・コールハースの衝撃的な提案だ。以後のコールハースの快進撃と建築界における存在感はご承知の通りだ。

ザハ、チュミ、そしてコールハース……これらの案をあの時代に選択した建築家の勇気と見識にも畏怖の念を抱かずにいられない。コンペにおける審査員の重み、力量、

ザハ・ハディド
イギリス在留の建築家で、世界でもっとも著名な女性建築家の一人。日本では「デコン」と呼ばれている「脱構築主義的」で斬新なデザインが特徴であるが、近年は世界中に大型建築を設計している。

バーナード・チュミ
レム・コールハースやザハ・ハディドとならび、イギリスのAAスクール出身の世界的建築家。早くからアンビルドの建築家として世界的な名声を勝ち得ていたが、1983年にラ・ヴィレット公園のコンペに勝利後は実作を続々とつくっている。

可能性といったものも、この一冊の雑誌は僕らに教えてくれた。

コンペの審査というのは、膨大な提出物の中から、セレクトする行為を通して、自らの建築観を他の審査員と戦わせ、ねじ伏せるという、まさにバトルの場であることを学んだのだ。優秀な建築家は、コンペの審査という立場を通して、建築を直接つくることなく、建築のパラダイムを変革させることすらできるという証である。

もちろんこうしたコンペを通したパラダイムの変革は、予定調和的に仕組まれたものではなく、世界中からコンペに寄せられた建築的エネルギーが渦巻く祝祭的状況が後押ししているに違いない。

ただ、僕はコンペに参加していたわけではなく、蚊帳《かや》の外から眺める立場であった。この建築思潮の一大イベントに当事者として関われなかったことを今も悔やんでいる。

国際コンペのみが巻き起こす、建築思潮のお祭り的な状況を心底楽しむには、当選する・しないにかかわらず、とにかく参加することが必須条件だ。ぜひ仲間を集めて国際コンペに参加してみよう。

Section 5-6

グループで活動する

ひとりじゃできないことも、仲間がいればできる

「Web2.0」という言葉を聴いたことがあるだろうか? 当初は、テレビのように情報の送り手と受け手が固定されていたインターネット(Web 1.0)が、誰もが情報を発信できる状況に至ったことを指す言葉だ。ウェブを介してみんなの知恵を集め、新たな「集合知」をつくることで物事に対処していこうという考え方だ。

再三書いてきたことだが、建築はひとりではできない。常に集合知が求められる。グループで活動することで、ひとりでは不可能な領域へと活動を広げることができる。建築を発信する活動も、仲間がいれば相互に刺激し合う中で思考が深まるだろう。歴史や過去を振り返ってみても、建築はグループから発信されることが多かった。今なら Twitter を介して、これまでは出会えなかった仲間との活動も夢じゃない。

学生や若手の建築家が、これまで結成してきたグループやユニットを挙げてみよう。

集合知

かつては大勢の人が集まっても知恵は高まらないとされていたが、インターネットの発達により、Wikipediaの編纂作業などの、多くの人の集まりによる新しい知的作業に関心が寄せられるようになった。こうした大勢の人々が情報を共有し、話し合うことで生まれる知的生産が「集合知」と呼ばれるようになった。

『「みんなの意見」は案外正しい』ジェームズ・スロウィッキー著(角川書店)

・**分離派建築会**

1920年、卒業を間近に控えた東京帝国大学（現・東京大学）の学生が、過去のデザイン様式から分離し、新たなデザインを目指して始まった運動。日本最初の、学生による建築デザインムーブメントだ。堀口捨己、山田守、石本喜久治、森田慶一、山口文象などが主要メンバー。

・**小住宅設計ばんざい**

1958年、磯崎新は伊藤ていじ、川上秀光と組んで、「小住宅設計ばんざい」という小論を発表し、「建築家が莫大なエネルギーを注いでnLDKのバリエーションを競い合っている」状況を揶揄した。当時の建築界に物議をかもした小論として今も語り継がれている。このとき3人が用いたペンネームが「八田利也《はったりや》」であった。

・**象設計集団**

1971年、吉阪隆正の弟子5人が集結して結成した建築家集団。吉阪譲りのユニークでブルータルな造形とともに、代表作である名護市庁舎などで、すでに1980年代から現在の環境配慮型建築の原型ともいえるものを目指していたことは、特筆に値する。現在もメンバーの一部を入れ替えてはいるが、活動を継続している。

・国内建築ノート

１９７７年から83年、ＳＤという建築雑誌の末尾に「国内建築ノート」というコラムが連載され、爆発的な人気を呼んだ。執筆は当時の東京大学の原研究室に所属していた学生がグルッポ・スペッキオのペンネームで執筆したもので、竹山聖、隈研吾らが主要メンバーであった。このチームはやがて学生建築家チームの走りである建築組織アモルフを組織する。

・シーラカンス

アモルフを先輩とする東京大学の原研究室のメンバーが、１９８６年に学生でありながら開設した設計チーム。現在も、いくつかのチームに分割したものの、活動を続けている。

以後、学生や若手の建築家がグループ・ユニットを組んで活動するトレンドは継続している。「みかんぐみ」、「プロスペクター」、「O.F.D.A.」「中央アーキ」、「TEAM ROUNDABOUT」などなど、数多く存在する。

第6章 建築のネクストステップ

ホキ美術館　（千葉県）
山梨知彦＋中本太郎＋鈴木隆＋矢野雅規／日建設計

「ネクストステップ」を踏み出すことを考える

プロの建築家にとって、建築を学ぶことに「終わり」はない。本書は、建築の専門教育を受け始めた人のみならず、社会に出て建築家としてのキャリアをスタートさせた人たちも対象としている。勉強を始めたばかりなのに、気が早い話で恐縮だが、この章は次の一歩をどちらに踏み出すかを考えるためのものだ。

学生であれば、卒業後は就職か、はたまた大学院への進学か、留学という選択肢もある。就職をした人ならば、次のステップは資格の取得かもしれないし、転職かもしれない。学校に戻ったり留学をしたりという選択肢も、今後は増えるに違いない。

もちろんこうした大きな変化ではなく、学びながら、そして働きながら小刻みにプロの建築家への道を歩む方法もあるだろう。

最後の章は、建築家により近づくためのネクストステップに関するものだ。

ホキ美術館

キャリア
建築家になるための道筋は本当に多様になったが、逆に実力重視になったとも言える。有名アトリエでキャリアを積んでも、「建築家」になれるわけじゃない。キャリアは箔付けのためではなく、あくまでも自分自身の実力を培うためのものであることを肝に銘じよう。

Section 6-1

大学院に進む
目的、目標をもって院生活を過ごす

プロの建築家を目指す学生にとって、これまで大学院はいい意味でモラトリアムの場であった。建築系大学の４年間は、正直なところ、課題に追われて多忙な毎日が続く。したがって大学院の修士の２年間は、大学の４年間では十分にチャレンジできなかったアイデアコンペや、国際コンペ、学外活動、設計事務所でのアルバイトなどを、比較的余裕のあるカリキュラムの中で、個々人の目的や目標に沿ってチャレンジできる時間であった。

この自由な時間の中での経験は、意外に大きなもので、就職試験の際に大学卒と大学院卒の学生に、課題を与えて設計させてみると、驚くほど差が出ることが多かった。

事実、僕が所属する日建設計でも、意図しているわけではないのだが、設計課題の結果を重視すると、大学院生が就職人員枠のほとんどを占める結果になっている。２年間のモラトリアム生活は、本人の意識が高ければ決して無駄にならないと、僕は思う。ただし、志が低ければ、無駄で取り返しがつかない２年間にも化ける。

一方、今、大学院教育は岐路に立たされているようでもある。グローバル化の状況を反映して、日本の建築教育を世界標準とするためのUNESCO/UIA建築教育憲章に基づいた建築教育が2009年から始まった。元になっている建築教育憲章の内容を見る限り、グローバル化する社会で通用するプロの建築家を養成する側面が強いもので、歓迎すべき内容に見える。でもこれを受けて、日本の建築系大学院がどのように変わっていくのかは、今後の問題だ。

こうした状況に際して、大学院進学を考えるなら、少なくともUNESCO/UIA建築教育憲章には目を通しておきたい。自分の大学の研究室にエスカレーター式に進学するのではなく、他大学の研究室も比較検討してみよう。

勉強をしてみたいと思う研究室や大学院が決まっていたら、シラバスを手に入れよう。現在では多くの研究室のシラバスがウェブ上から見ることができる。ちなみにシラバスとは、講義や授業の大まかな内容を示した学習計画書のこと。今では一般的な言葉になったので、学生ならば聞いたことがあるだろう。シラバスの充実の度合いは、研究室や大学院の教育に対する一種のバロメーターとなるかもしれない。

大学教授といっても、教育に熱心な人とそうでない人の差は正直言って大きい。自分が大学院へ進学する目的、目標を見定め、それに即した教育を受けられる研究室はどこなのかを見定めて、進路を決定してほしい。

UNESCO/UIA建築教育憲章

現在は、ウェブ上で、早稲田大学の古谷誠章先生が翻訳されたものがPDFで出回っている。検索エンジンに「UNESCO/UIA建築教育憲章」と打ち込めば簡単にヒットするはずだ。5ページほどの内容なので、大学院に行こうと思ったら、一度は読んでみよう。

大学院へ進む際の情報収集法

□事前の情報収集が重要だ

大学院の入試については、大学と異なり一般にはほとんど出回っていない。さらに外部の学生をどの程度取るか、試験でどういった問題が出題されるかなどは、大学院ごとにまったく異なる。情報を集めずにただ受験したのでは決して合格しない。事前情報の収集は必須事項だ。

□試験対策の情報を得る

外部から大学院を受ける場合には、研究室に所属する先輩などから試験対策の情報を入手する必要がある。大学院により、即日設計を重視するところ、ポートフォリオを重視するところ、英語を重視するところなど特徴がある。

また、出題のベースとなるテキストも大学院ごとにまったく異なる。受験対策の情報入手も必須事項だ。

□学部の教科書に目を通す

大学院で出題される試験科目は、語学以外はほとんどが専門科目だ。そして専門科目の出題は当然のことながら、その大学の学部での教育内容がベースになっている。大学の４年間で使用する専門科目の教科書はせいぜい 40 冊程度だ。３カ月もあれば読破できる。入学後の基礎知識確保のためにも、受験する大学院の学部用教科書は熟読しておこう。

□インターネットで探る

建築系大学院の受験という結構コアな情報も、インターネット上にはすでにかなりの量が蓄積されている。玉石混淆であろうが、目を通しておく意味はある。

最近では各大学や研究室も多くの情報をインターネット上に公開している。これらを利用して、効率的に受験対策をしていこう。

Section 6-2

就職先を見つける
自分からアクセスしない限り、有名事務所には入れない

プロの建築家を目指すうえで、就職先は単なる収入を得る場ではなく、学校卒業後の新たな修行の場だ。当然のことながら、有名アトリエ事務所から、学校に求人が来ることはなく、自分から門戸をたたかなければならない。

たとえば伊東豊雄さんのアトリエを例にとってみよう。多くの学生が就職を希望して自らアプローチしている。もちろん中山英之さんのように、伊東さんが審査員を行なっていたコンクールで声をかけてもらうといった幸運のもち主もいるが、これは本当に稀な例であろう。

アトリエはもちろん、著名な組織設計事務所やゼネコン設計部であっても、大学に寄せられる求人以前に、インターネットなどで求人情報が出され、多くの学生が競って応募するのが実情だ。有名アトリエ、事務所、ゼネコン設計部を目指すなら、自分からのアプローチが必須になる。

具体的なアプローチ法について、いくつか例を挙げてみよう。

伊東豊雄
日本を代表する建築家。比較的初期の「中野本町の家」、中期の「シルバーハット」、そして「せんだいメディアテーク」と、時代の変遷とともに作風を微妙に変えつつも、常に日本ならず世界の建築デザインシーンをリードしている。同時に事務所の卒業生から、数多くの有名建築家を輩出していることでも知られている。妹島和世もその一人である。

アルバイトとして潜り込む

比較的人数が少ないアトリエ事務所や、逆に人数が多い組織設計事務所、ゼネコン設計部では、学生アルバイトとして潜り込み、アルバイトをしながら能力を示すことで就職につながることも多い。潜り込み方のノウハウは82ページを参照。

オープンデスクやインターンシップ

アルバイトに続いて、これも設計事務所にダイレクトにアプローチできる手段だ。自分の実力に自信があり、所長やスタッフの目を引きつける自信があれば、就職に向けての近道になる。一方で、アルバイトにしてもオープンデスクやインターンシップにしても、実力を事務所側に全面公開してしまうわけだから、諸刃の剣にもなりかねない。

インターネットを見る

ほとんどの組織設計事務所やゼネコンの設計部は、新人採用をインターネットで行なっている。就職シーズンが近づく12月にはチェックを開始しよう。卒業年次など細かな要件が記載されているが、どこの事務所も人材重視なので、多少の要件に外れる部分があっても臆せず応募してみよう。アトリエ事務所のオープンデスクもインターネットで募集されるケースが増えている。

OB・OG訪問をする

古典的な手法であるが、比較的閉じた社会であるプロの建築家の世界では、現在でも有効なアプローチのひとつだ。顔見知りの先輩がいればもちろんのこと、面識がなくても、ルートが見つかれば積極的にアプローチしてみよう。

コンペなどの機会にアプローチする

著名なアトリエ建築家や、組織設計事務所、ゼネコン設計部のトップは、アイデアコンペの審査員などを担当していることも多い。コンペで入選し、自分の作品を気に入ってくれている審査員が意中の事務所の人なら積極的にアプローチすべし。きわめて狭いルートではあるが。

プロの建築家を目指すうえでは、学生時代の作品のポートフォリオ、コンペなどの受賞歴、卒業設計等の成績が何よりもモノをいう。学生時代の絶え間ない努力こそが、目指す事務所にたどりつくための、最短コースなのかもしれない。

学生時代から注目されていた建築家
古くは丹下健三が「大東亜建設記念営造計画設計競技」で一等入選を果たし、学生でありながら圧倒的存在感を示した話が有名である。北川原温も、学生時代に大型のコンペで入賞を果たし、学生でありながら丹下健三に認められるなど、学生時代のコンペで頭角を現わす建築家は少なくない。

Section 6-3

就職試験を受ける

失敗は許されないからこそ、情報収集が大切だ

希望就職先を調べていると、「指定校」とか「各大学から一定人数をとる」ことをルール化している事務所などに出会う。こうした事務所は、はなから個人の能力を見抜く自信がないわけだから、君が指定校の生徒であっても（あるいは指定校から外れているならばなおさら）、そんな事務所はこちらから願い下げるべきだ。新入社員を見定めることを放棄している事務所に明日はない。

試験そのものの情報収集は、短期の戦略としては重要であるし、必要だろう。しかしここで言いたいのは、就職先がどういう理念で、どういう作品を、どういう立場でつくっているかという情報を収集してほしいということだ。

アトリエ事務所であれば、数年後に卒業して独立することが前提である。また学生時代にはアトリエ事務所の仕事は建築雑誌などを通じてよく見ているので、なんとなく想像もつく。ところが、就職の時期になって、急に日建設計のような組織設計事務

所や竹中工務店のようなゼネコン設計部という存在に気づき、それらを視野に入れる人も多い。

だが多くの学生は、アトリエと、組織設計事務所、そしてゼネコン設計部の違いもわかっていない。また同じゼネコン設計部といっても、建築デザインに対する取り組みはずいぶん違っているのに、その違いも理解していないことが多い。特に組織設計事務所やゼネコン設計部は、離職率も低く、一生の職場となる可能性も高いのに、そのデザイン傾向や作品すら十分に知らず、組織設計事務所というカテゴリーや、ゼネコン設計部というカテゴリー、そして中にはこれら両者をごちゃ混ぜにして入社試験を受ける人もいる。

プロの建築家を目指すならば、自分が入社を検討している会社を建築デザインという視点から調べ、見つめ、吟味してほしい。アトリエ事務所、組織設計事務所、ゼネコン設計部のほかにも、不動産会社やハウジングメーカーなど、プロの建築家の仕事は数多く存在する（それぞれの違いの概略は本書26ページを参照してほしい）。自分がやりたい仕事がどこで行なわれているかを正確に把握し、就職試験に臨んでほしい。

そうはいっても、就職試験はどんなことをしているか知りたい！　という人も多いだろう。理念も大事だが、就職試験を間近に控えた学生にとっては、目の前の試験を乗り越えることが急務だ。

就職試験の内容　～最近の傾向～

試験は事務所により、内容も、採点の基準もまったく異なる。ここでは、あくまで一般的な内容を紹介しよう。

□応募書類

簡易なポートフォリオの添付が求められていれば、それが勝敗を決めると思っていい。試験官がまずは「会ってみたい」と思うような、わかりやすくインパクトがあるポートフォリオが求められる。

□成績

よほどひどい成績でもない限り、学科の成績はほとんど不問。せいぜい英語力のチェック程度だ。一方で、設計製図の成績は細かくチェックされるし、ウエイトが高い。

□卒業設計

多くの事務所では、特に大学院生を見る場合には、卒業設計のデキは合否のうえで大きなウエイトを占めることが多い。

□課題のポートフォリオ

プロの建築家として学生を採用する以上、もっとも重点が置かれる。ポートフォリオのまとめ方自体にもセンスがにじみ出るので、ただ作品をまとめればいいというものでもない。

□即日設計

DTP 技術の発達によりポートフォリオの質が向上しているため、設計課題をまとめる能力を見定めるために多くの事務所が即日設計を課している。最終的なアウトプットと同様に、検討中のエスキスも重要な評価対象になる。

□面接

人柄と作品の解説を見る。設計がチーム作業である以上、「一緒に仕事ができるヤツか」という点は、どの事務所も重視するはず。また、卒業設計や就職用の即日設計、そしてポートフォリオが適切に、指定時間内に説明できるかといった能力もチェックされる。両方ともウエイトは大きい。

□アイデアコンペ

評価が分かれるところ。上位入賞回数よりも、提案の質が自分たちの事務所の価値観に合致しているかを見るところが多い。

就職先がどんな仕事をしているかを調べるコツ

就職先がどんな雰囲気であるかは、アルバイトをしてみればわかる。どんな仕事をしているかは、以下の情報をあたれば概略がつかめるだろう。

□日本建築学会作品賞、作品選奨の作品を見る

日本建築学会の作品賞は、日本でもっとも権威のある建築デザインの賞といっても過言ではない。また作品選奨はその候補となっている作品だ。過去 10 年ぐらいを振り返ってみることで、日本の建築デザインの頂点がどこにあるのかを見ることができる。

□日本建築大賞の作品を見る

日本建築家協会が選定する日本建築大賞は歴史は浅いものの、日本建築学会の作品賞とならぶ重要な賞だ。日本の建築デザインの頂点がどこにあるのかを知るには、ここ数年の受賞作品を振り返ってみればいい。

□建築雑誌

ふだん何気なく見ている、「新建築」、「住宅特集」、「GA JAPAN」などを、過去 10 年分ぐらい一気にめくってみよう。気になった作品に付箋紙を貼りながら見ていると、無意識のうちに自分が目指したい仕事の領域と、それをになっている事務所とが浮かび上がってくるはずだ。

□設計事務所ランキング

組織設計事務所を目指し、かつそこでの仕事を一生の仕事と考えるならば、事務所の規模や安定度も気になるはずだ。建築デザインの世界ではほとんどの人が気にかけない情報であるが、仕事を頼むほうのクライアントにとっては重要な情報でもある。

「日経アーキテクチュア」が毎年行なっている設計事務所ランキングを見ると、国内主要事務所やゼネコン設計部の仕事量、得意分野などを一望することができる。

□ＪＩＡ新人賞・ＳＤレビュー

これから成長していくアトリエ事務所をピックアップするには、日本建築家協会が毎年選定しているＪＩＡ新人賞や、ＳＤレビューの受賞者をチェックしてみよう。

Section 6-4

海外留学する

建築家のフィールドは世界に広がりつつある

日本国内の建築ビジネスは、残念ながら、高度経済成長期やバブル期に見られたような活況を迎えることは今後ないだろう。国内の仕事が頭打ちになる代わりに、国外が僕らの主要な仕事のフィールドになる、という意味である。

すでに、ヨーロッパやアメリカの設計事務所・ゼネコンは、国内以上に多くの海外の仕事を行なうことが当たり前となっているのだから、日本の建築デザインビジネスもようやく成熟期を迎えつつあるものと捉えるべきだろう。特に中国やベトナム、タイ、そしてインドなどが国力をつけるとともに、アジアが僕らの仕事のフィールドになることは間違いない。中東やロシアも、一時的な躓《つまず》きはあるものの、常に視野に入れておくべきフィールドといえるだろう。

グローバル化の影響は海外の仕事だけにとどまらない。日本に多くの海外のビジネスマンが来ることは当たり前になったし、日本企業のトップが外国人で、コミュニケーションのために英語が求められるといったことも珍しくなくなった。

僕の専門は国内の仕事だが、クライアントに英語でのプレゼンを求められること、英文のメールを書く機会、そして海外出張の仕事が、月に何度かは舞い込むような状況である。もちろん、事務所の中には、海外の仕事を専門に担当している部署もある。国内専門の僕でさえこの状態なのだから、彼らの仕事の状況は推して知るべし。留学経験のない僕は正直、四苦八苦の毎日を送っている。これが建築界の現状だ。

今や留学は、グローバル化していく建築デザインビジネスにとって、不可欠な能力を身につけるものに変化しつつある。

英語ができるだけではだめ。英語を手段として建築デザインを推進できる能力が求められている。海外留学は建築デザインを学ぶうえで、当たり前の選択肢のひとつになった。

IDEO サンフランシスコ事務所での打ち合わせ風景。

Section 6-5

資格を取る

一級建築士の資格はプロの必須条件だ

プロの建築家のための資格の代表が「一級建築士」だ。これさえもっていれば、法律上はどんな規模の設計でもすることが許される万能の免許だ。かつてはもっていても何にも役に立たないものの代表のような資格であったが、姉歯問題の発覚以後、資格運用の厳格化の動きが出て、一級建築士をもっていることがプロの建築家としての必須条件となりつつある。

その一方で、合格するにはそれなりの努力が必要だ。ここ数年は10人に1人程度の合格率である。僕の回りを見ても、半年ほどの勉強期間を設けたり、予備校に通ってやっと取得している人が多い。覚悟を決めて集中して勉強し、早めに取得してしまおう。

では、一級建築士の資格を取る方法は?

一級建築士の取得には、学歴、実務経験、学科試験の合格、国家試験への合格、登録という手順を踏まなければならない。ここではその手順のアウトラインを示そう。

受験に必要な学歴と実務経験

「国土交通大臣が指定する建築に関する科目（指定科目）を修めて卒業」している必要がある。まず自分が卒業した大学がこれに当たるかの確認が必要だ。また教育機関により、必要とする実務経験数が異なる。

4年制大学	＋	実務経験	2年以上
3年制短期大学	＋	〃	3年以上
2年制短期大学	＋	〃	4年以上
高等専門学校	＋	〃	4年以上
二級建築士	＋	〃	4年以上
建築設備士	＋	〃	4年以上

ちなみに、大学院での2年間を実務経験とみなしてもらうには実務演習（インターンシップ）で必要な単位数を取得している必要がある。

学科試験

計画、環境・設備、法規、構造、施工の5つの学科試験が課せられる。残念ながら、学校での授業とも、実務での経験とも違った、一級建築士受験のための勉強が必須で

インターンシップ
在学中の学生が一定期間、企業等で働き、就業体験ができる制度。就職先が決定する前に、業務内容、職場の雰囲気等を知ることができる。

ある。

僕が受験した頃はテキストを購入して自習をすれば十分であったが、最近はそれだけでは難しくなり、専門学校に通う人も多いと聞く。学科試験に受からない限り、設計製図の試験は受験できない。

設計製図の試験

毎年異なった課題が出され、即日設計の要領で、基本設計レベルの図面を手書きで描く。試験問題の概略が受験の数カ月前に示されるので、それに合わせて準備する。採点基準は、計画論よりも、法規遵守であることが特徴。こちらも最近は自己学習で受験準備をする人は少なく、予備校に通ったり模擬試験を受けたりして、受験に備える人が多い。

僕の場合はまだ、試験が今に比べると簡単であったため、実技試験の準備といっても、公開模擬試験を受けた程度。模擬試験は実技の時間配分やペースをつかめるので、本番前に受験することを勧める。

最近は実技試験の難易度も上がっているといわれており、筆記試験のみならず、多くの人々が専門の予備校に通い、試験に備えるケースが多いようだ。

Section 6-6

転職する 今後は人材の流動化がきっと始まる

プロの建築家の世界は、いまだ徒弟《とてい》制と呼んでもいいような慣習が色濃く残っている。

大学院を卒業した後、アトリエ事務所や組織設計事務所、ゼネコンの設計部に就職しても「修行」と称してきわめて低賃金、かつ長時間労働を強いられた時代があった（実は今もある）。

これら三者のキャリアは孤立していて、相互交流は稀である。アトリエに所属すれば、数年の修行の後、自らの事務所を開設するのが王道だった。社会に実績を残せば、大学で教鞭をとったりもする。しかし、建築家としては実績が残せず、大手事務所やゼネコン設計部の仕事を下請けしているアトリエ事務所も多数存在した。

一方、組織設計事務所やゼネコン設計部では、独立という選択肢をとる一部の例外を除いて、一生をその組織内で過ごす人が多い。社員のほとんどが新入社員からの純粋培養で、途中入社は少ない。プロの建築家として脂が乗った50代になると、そろそ

徒弟制度

建築界には、実は今も徒弟制度とも呼べる、師匠と弟子の関係が色濃く残っている。一部の大学の研究室では、研究室に入ると同時に、教授の弟子として種々のプロジェクトを任させるそうだ。とはいえ、徒弟性が色濃く残るのはアトリエ系の事務所だろう。所長が仕事を通して、建築デザインとは何であるかを所員に教え、所員はそこでの修行を終えて巣立つ、というプロセスが今も多くのアトリエ事務所で繰り返されている。

ろ管理職として筆を折らざるを得ない。建築家としての荒波もない代わりに、潮が引く時期も早い。これが、日本のプロ建築家の世界だった。

ところが、ここ数年の社会情勢、経済情勢、そして教育界の変化によって、固定的と思われたプロの建築家の世界が急速に変質しているように感じている。

世界的な不況により、海外の著名な設計事務所で経験を積んだ人材が日本に戻り、組織設計事務所やゼネコンの設計部の門をたたいている。中途採用で生え抜き以上に優秀なスタッフが獲得できることを理解すると、国内の著名アトリエ事務所の卒業生も、組織設計事務所やゼネコン設計部が中途採用をするようになる。事実、僕の設計チームも４割強が、こうした（アトリエや海外事務所からの）中途入社組だ。

一方で、組織設計事務所やゼネコンを卒業して、アトリエ事務所に入所する事例は少ない。だが、いないわけじゃない。また組織設計事務所を卒業して個人のアトリエ事務所を構えた人材とも、よきコラボレーションを継続する事例が見られるようになった。

しかし、多くの組織設計事務所、ゼネコン設計部に、労働時間の管理に対する強い要請が行政から寄せられるようになった。業界の常識が社会に通用する時代ではなくなったのだ。より常識的な労働時間の中で、建築デザインを成立させられるように、仕事の仕組みや、手順の改革が必要になっている。

大学の中でも実務教育がより重視される時代になった。アトリエ系建築家に加えて、僕ら組織設計事務所やゼネコン設計部の人材が、大学教育に関わりをもつチャンスが増えてきている。組織設計事務所から大学の教員に採用される人も増えている。

急速に、プロ建築家の人材流動化が始まっている。

今後は、学校を卒業後、アトリエ系事務所、組織設計事務所、ゼネコン設計部、そして教育機関にまたがった多様なキャリアパス形成の可能性が広がるように思う。

大学院に目を移してみてもそうだ。日本では、ほとんどの大学院生が大学からストレートに進学してくる。建築系の大学院に限って見れば、欧米の大学院は、一度社会に出た後、大学院に戻る学生が多数いる。つまり、欧米の大学院は、その構成員が日本のそれに比べてはるかにダイバーシティが高い状況にあるのだ。

こうして考えると、日本の建築デザインの実務界も、今やっと多様性が生まれつつある時代に成熟したのかもしれない。ダイバーシティが増すことは、建築デザインを追究するうえでのルートが増すわけであるから、新しいデザイン、新しい方法論、新しい建築ビジネスの開花に向けて、ふさわしい方向と思われる。

これから建築デザインを学ぶ学生と、今まさにプロの建築家の世界の入口に立った人たちに、目の前には多様な可能性が広がり始めていることを伝えたかった。

あとがき

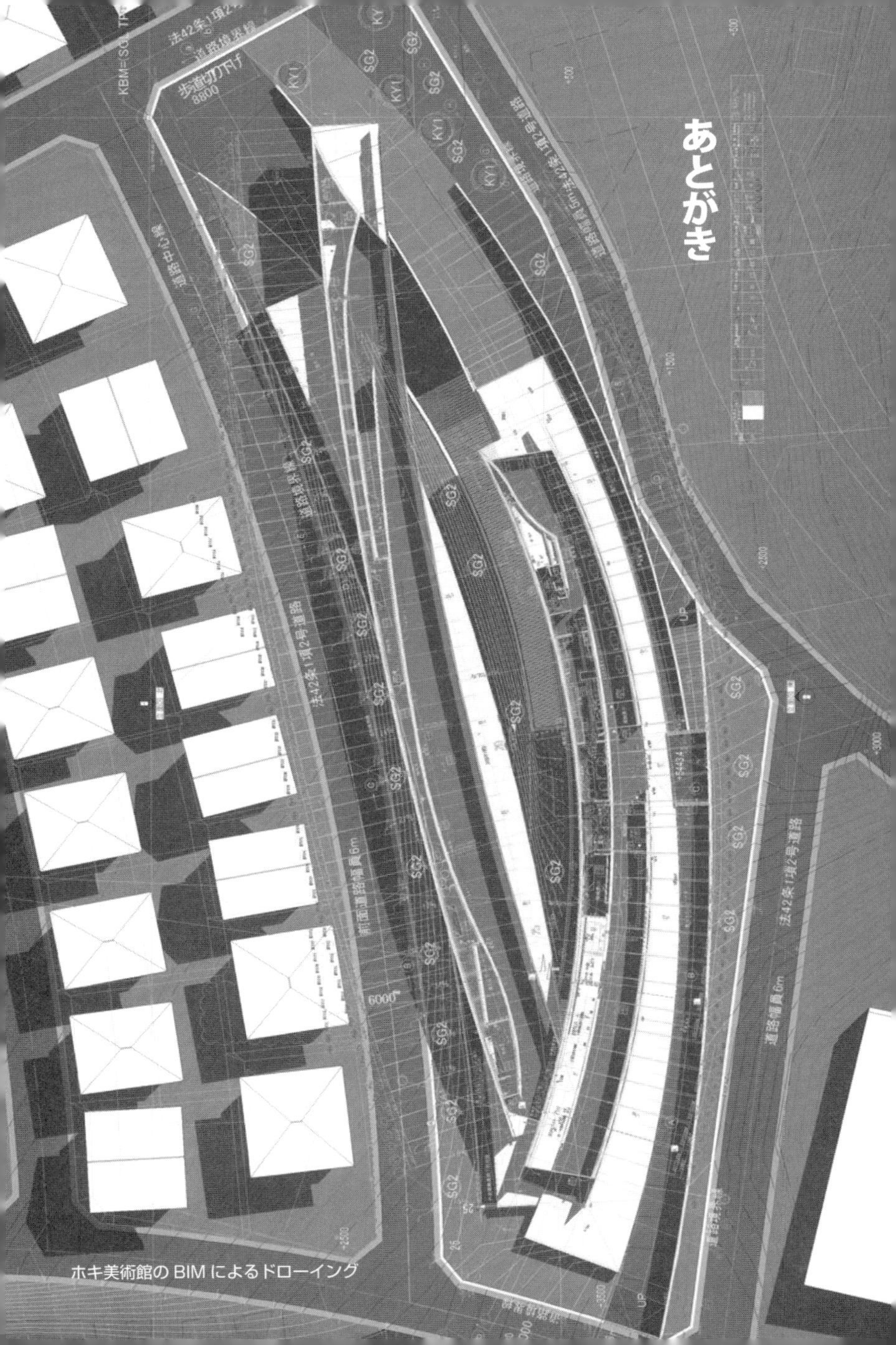

ホキ美術館のBIMによるドローイング

あとがき

あとがきに代えて、僕自身がどんな環境で仕事をしている「プロの建築家」であるか、自己紹介させていただきたい。

僕が所属する日建設計は、意外に歴史が古く、１９００年（明治33年）に創業した。現在では１０００名以上の社員を有する「組織設計事務所」である。

僕の立場は、「プロジェクトチーフ」で、設計スタッフを率いて、意匠設計という仕事を行ない、また構造設計や設備設計全体の取りまとめをマネージメントする役割である。いわゆる「建築家」と呼ばれる人たちと仕事の内容はほぼ一緒である。

すでに10年ほどこの立場を務め、山梨設計室というチームを率いてきた。抱えるスタッフの人数はその時々で変わる。少ないときで5名ほど、多いときで40名近くになり、現在ではそれがさらに拡大して、約１００名の山梨グループ（すべて意匠設計者）というチームを取りまとめる仕事をしている。

仕事場の雰囲気を言葉で伝えるのは難しいが、大学院の研究室に少々老け気味の大学院生（スタッフ）がいて、そこにこれまた少々老け気味の助手（僕）がいて、教授の留守中にワイワイ・ガヤガヤと設計作業をしている……といった感じが一番近そうだ。

残念ながら、僕には教授としての位置を占められるほどのカリスマ性や威厳はなく、ゆえにデザインの方向性を定める場合でも、僕の意見や主張が一方的に通るわけではない。スタッフとの議論の中でなんとなく固まっていくような仕事の進め方になっていて、必然的に仕事は和気あいあいとした雰囲気の中で進む。

多くのプロジェクトは、僕を含めて３名ないし４名程度のメンバーでチームをつくり、デザインを進めていく。プロジェクトの進捗により、ここにベテランの実施設計のプロを加えたり、優秀なＣＡＤオペレーターを加えたりして補強するが、実施設計を含めて、すべてチーム内で図面を描きあげることが基本になっている。

手がける規模も、大小さまざまで、たとえばＪＩＡの新人賞をいただいた神保町シアタービル（東京都千代田区）は劇場で１０００㎡強、MIPIM Asiaで大賞をいただいた木材会館（東京都江東区）はオフィスビルで、５０００㎡を超える規模。現在建設中のＷプロジェクト（東京都品川区）は研究開発型オフィスで、なんと10万㎡を超えている一方で、ホキ美術館（千葉県）は、３０００㎡といった具合で、規模も建物種別もまさに千差万別である。

作品の発表に際しても、一緒にコアとなるアイデアを考えたスタッフと連名で発表しているのも、アトリエ事務所とは異なるチームワークがベースの組織設計事務所ならではのことだ。

もうひとつの特徴は、コンピューターをはじめとするITを積極的に設計に取り入れている点にある。BIM（ビム）やシミュレーション、コンピューターを用いた形態生成などを、実験的なものではなく、実務の中で実践的に用いることをプロジェクトで行なっていて、それをマニュアル化したり（『Google SketchUp スーパーマニュアル』）、BIMについて本を出版したり（『業界が一変するBIM建設革命』）といった活動も同時にしている。

僕のチームには1、2年に1人の割合で、大学院を出たての新入社員が配属されてくる。アトリエ事務所ともっとも異なるのは、配属されてくる新入社員が、僕の作品が好きであるとか、僕のことを尊敬しているとか、そういった関係がまったくないところから共同作業が始まることである。それゆえに、関係を築くためにも、新入社員には、僕自身が濃密に関わる一番ホットなプロジェクトチームに参加してもらう。これは、中途入社の場合も同様である。

この本の大半の内容は、こうした環境の下で新入社員と一緒に仕事をして彼ら（彼女ら）に意見したことや、意見したかったけれども言いそびれてしまったことを取りまとめたものであるといえる。

他にも、新人社員採用の担当をしているため、多数の学生や新人社員候補と接する機会がある。本書の中には、こうした機会に多くの学生と接していて感じたこともフィードバックしたつもりだ。いずれも、教育する側ではなく、学生さんをプロの建築家の予備軍として受け入れる側の視点から感じたことがベースになっているといえる。

実務の側からいえば、実務の世界に入ってからの伸びしろとなるのは学生時代に育んできた広範な好奇心と、建築的な基礎体力（知力）であると思っている。この基礎体力をベースに、どれだけ広範囲で活発なネットワークを広げていけるかが、現代のプロの建築家にもっとも必要なことだと思っている。

とはいえ、本書の内容は僕個人の経験に基づくものであるから、組織設計事務所やゼネコンの設計部といったチームで設計を行なう立場を目指す人にはフィットしたものになっていると思う。一方で、アトリエ系を目指す学生や、アトリエの新人社員、ベテラン建築家から見ればピントはずれな点も多々あるに違いない。

都合のいいことを言わせていただければ、「組織設計事務所の人間はこんなことを考えているのか」という視点から本書を読んでもらえれば、それなりに役に立つのではなかろうかという思いもある。

本編でも書いたのだが、建築デザインの世界では「建築家」という言葉は、あまりにも重く、崇高な言葉として祭りあげられている。世界的なスター建築家になるための本は書けないが、プロとして実社会で活動する建築家を目指す人たちにとってマニュアルとなるものならば書けそうだと思い、本書をまとめてみた。

プロの建築家を目指す方々にとって少しでも役に立つものになっていれば、嬉しいのだが。

た行

な行

は行

ま行

や行

ら行

INDEX
五十音順

あ行

か行

さ行

設計者、撮影者、図面について

本文の中で使用している写真の撮影者、主な建築作品の設計者については以下の通りである。

- **神保町シアター**
  クライアント：小学館
  設計：日建設計（意匠設計担当：山梨知彦＋羽鳥達也）
- **乃村工藝社本社ビル**
  クライアント：乃村工藝社
  設計：乃村工藝社＋大林組＋日建設計（意匠設計担当：山梨知彦＋芦田智之＋勝矢武之）
- **ホキ美術館**
  クライアント：保木美術館
  設計：日建設計（意匠設計担当：山梨知彦＋中本太郎＋鈴木隆＋矢野雅規）
- **木材会館**
  クライアント：東京木材問屋組合
  設計：日建設計（意匠設計担当：山梨知彦＋勝矢武之）
- **（仮称）W Project（2011 年竣工予定）**
  クライアント：某社
  設計：日建設計（意匠設計担当：山梨知彦＋羽鳥達也＋石原嘉人＋川島範久）

- **野田東徳（雁光舎）撮影の写真**
  P5, 14, 44, 89, 95, 121, 181, 182, 194 ③ , 219, 227, 228
- **山梨知彦撮影の写真**
  P13, 23, 31, 43, 156, 210, 240
- **その他の写真と図面の提供　日建設計**

山梨知彦（やまなし　ともひこ）
1960年、横浜生まれ。株式会社日建設計執行役員、設計部門代表。1984年、東京芸術大学美術学部建築科卒業。86年、東京大学大学院工学系研究科都市工学専攻（修士課程修了）。工学修士。一級建築士。JIA登録建築家。1986年、日建設計に入社。オフィス、集合住宅、学校等の設計に携わる。BCS賞、東京建築賞、日本建築士会連合会賞、中部建築賞など多数受賞。著書に、『GoogleSketchUpスーパーマニュアル』『BIM建設革命』（日本実業出版社）、『オフィスブック』（彰国社・共著）などがある。
〈主な作品〉
・住友不動産飯田橋ファーストビル／ファーストヒルズ飯田橋（BCS賞）
・桐棚オーケストラアカデミー（中部建築賞）
・ホギメディカル本社ビル（東京建築賞）
・ルネ青山ビル（照明学会照明デザイン賞）
・桐棚アネックス（グッドデザイン賞）
・ロックビレイビル（日本建築士会連合会賞）
・ワールドシティタワーズ（グッドデザイン賞）
・神保町シアタービル（SDレビュー・JIA新人賞）
・乃村工藝社本社ビル（芦原義信賞奨励賞）
・木材会館（MIPIM Asia大賞）
・ホキ美術館　　　　　　等

20代《だい》で身《み》につけたい
プロ建築家《けんちくか》になる勉強法《べんきょうほう》

2011年6月1日　初版発行
2021年11月10日　第8刷発行

著　者　山梨知彦
発行者　杉本淳一

発行所　株式会社日本実業出版社　東京都新宿区市谷本村町3－29 〒162-0845

編集部　☎03－3268－5651
営業部　☎03－3268－5161　振　替　00170－1－25349
https://www.njg.co.jp/

印刷／壮光舎　　製本／共栄社

この本の内容についてのお問合せは、書面かFAX（03－3268－0832）にてお願い致します。
落丁・乱丁本は、送料小社負担にて、お取り替え致します。

ISBN 978-4-534-04838-7　Printed in JAPAN